크리에이티브X성수를 만든
문화의 힘

대한민국의 미래를 창조하는 문화의 힘은 지속가능한가

THE POWER OF CULTURE
TO CREATE CREATIVE ! SEONGSU

크리에이티브X성수를 만든
문화의 힘

윤 광 식 지음

도서출판
푸른정원

프롤로그

문화를 꽃피우라는 미션, 인생을 바꾸다

 어느새 불혹(不惑)을 지나 지천명(知天命)의 나이가 되었다. 요즘은 백세시대라고 하는데 그렇게 보면 인생의 반을 지난 셈이지만 통상적인 직장인의 은퇴 나이를 고려하면 가정과 사회를 위해 일할 수 있는 세월도 이제 십여 년 남짓이다. 나락이 익으면 고개를 숙이듯 사람으로 태어나 반세기를 살았다면 이제 하늘의 뜻에 순응하고 따를 시간이다. 지난 시절을 반추하면서 위로해 보지만 제대로 살아왔는지는 잘 모르겠다. '무엇이 되느냐보다 어떻게 사느냐'가 중요하다는 고 김대중 대통령의 말씀이 이제 와서야 마음에 와닿는다. 오십 년 세월 중 절반 가까이 '문화'와 관련된 일을 하였다. 국회에 재직하던 지난 2002~2016년에는 주로 문화체육관광위원회 소속 국회의원을 보좌하며 문화 관련 법과 제도, 예산과 정책을 담당하였고, 2018~2021년까지는 문화체육관광부 장관 정책보좌관을 맡아 문화 행정과 정책 수립

전반을 살피고 관여했다. 그리고 지금은 성동문화재단에서 지역문화의 진흥과 발전을 직접 도모하며 구체적인 성과로 만들어 내고 있다. 우리나라 문화정책의 근간인 〈문화비전 2030 사람이 있는 문화〉 정책 수립 과정에 참여하였고, 이외에도 국민체육진흥공단 이사와 한국문화예술회관연합회 서울·인천지회장, 전국지역문화재단연합회 감사, 성동구지역사회보장협의체 대표협의체 위원 등으로 활동했다. 문화정책과 행정, 법 제도와 예산 시스템, 중앙과 지방정부의 조직 운영 및 사업 전개 과정을 두루 경험한 과정이었다.

그러던 어느 날 나 자신에게 의구심이 들었다. 내가 걸어온 길은 충분히 의미 있는 여정이었을까? 무엇에 이끌려 난 이 길을 선택했으며, 과연 나는 그 첫 다짐과 목표를 향해 최선을 다해 정진해왔다고 말할 수 있을까? 학창 시절에 본 〈인디아나 존스와 최후의 성전〉이란 영화에 매료되어 고고학자를 꿈꾸며 성균관대학교 사학과에 진학했다. 대학생이 되어서는 국제관계학과 비교정치학에 빠져 정치외교학을 복수로 전공하며 국제 NGO 단체의 일원이 되길 꿈꾼 적도 있었다. 맘을 정하지 못하던 내게 길을 제시해 준 계기는 1997년 2월에 찾아왔다. 고 김대중 대통령이 이사장이던 아·태평화재단이 대학생들을 대상으로 개설한 청년 아카데미를 수강하면서 '문화 행정가'의 길이 내게 열린 것이다. 청년들이 동북아시아 평화와 번영의 시대를 주도해야 한다고 말씀했던 김대중 이사장님은 '문화의 가치'를 무엇보다 강조하였다. 아카데미 수료 후 총동문회장 자격으로 마주했던 당시 김 이사장님의 말씀이 여전히 귓가에 맴돈다. "윤광식 회장! 우리 대학생들이 국내 정치에 매몰되지 말고 한반도의 평화 정착을 통해 동북아시아를 이끌어 나갈 준비를 하세요. 그리고 그 평화의 토대 위에 우리의 문화를 꽃피우는 리더로 성장하기를 기대합니다." 문화의 가치와 힘을 믿었던 김대중 이사장님은 그해 12월 50년 만의 평화적 정권교체를 통해 국민의 정부를 열었다. 1998년 2월 임기 시작과 함께 일본 문화를 개방하였고, 영화 사전 심의제 폐지 등 문화계 검열 철폐와 창작자의 활동 보장, 저작권 확립, 콘텐츠산업 육성 등 우리나라 문화예술과 문화산업 정책에 대전환을 추진하였다. 김대중 대통령은 한국 영화 최초로 100만 관객을 돌파한 임권택 감독의 서편제를 국민과 함께 관람하며 영화에 대한 깊은 애정을 드러냈다. 대통령 재임 시 대중문화산업과 영상산업은 물론 게임, e스포츠, 애니메이션, 웹툰 등으로 대표되는 문화콘텐츠 산업 전반에 각별한 관심을 기울였다. 특히 문화계의 숙원이던 국가 문화 예산 'GDP 대비 1%' 실현을 주도하며 문화정책의 획기적 전환점을 만들어냈다. BTS, 블랙핑크, 뉴진스 등으로 대표되는 K-Pop과 K-컬처의 세계적 확산, 이른바 '한류 3.0 시대'의 초석 또한 김대중 대통령과 국민의 정부 시기에 다져졌음을 부인할 수 없다. IT 고속도로를 건설하고 그 위에 문화콘텐츠를 접목해 고부가가치 산업으로 육성할 수 있도록 기반을 마련한 주역 역시 김대중 대통령이었다.

우리의 미래는 문화가 좌우한다

우리 문화의 가치와 문화산업의 경쟁력, 가능성에 눈을 떠가던 시절, 국회 문화관광위원회 소속이었던 정동채 국회의원의 정책비서로 일하게 되었다. 2002년 대선을 앞두고 당시 새천년민주당의 대통령 후보였던 노무현은 예향(藝鄕)·의향(義鄕)·미향(味鄕)의 도시 광주를 '문화수도'로 만들겠다는 공약을 내세웠다. 이 공약의 기본 구상은 당시 대통령 후보 비서실장이었던 정동채 국회의원이 제안한 것이었다. 노무현 정부 출범 1년 후 문화체육관광부 장관으로 임명된 정동채 장관은 광주를 문화수도로 만들기 위한 본격적인 정책을 추진하였다. 특히 유럽의 문화수도를 비롯하여 세계에 흩어져 있는 수많은 도시의 사례를 비교 분석하며 문화를 통한 도시 발전 모델을 수립하였는데 바로 〈아시아문화중심도시 조성 종합 계획〉이었다. 2007년 종합 계획

확정 이후 2023년 완료를 목표로 추진되었던 아시아문화중심도시 조성 사업은 2008년 보수정권으로 교체되면서 이후 10여 년간 예산 삭감과 잦은 설계 변경, 민간 투자유치 미흡, 지역 주민과의 마찰 등으로 표류하게 되어 아쉬움을 남겼다.

정동채 장관 재임 시에는 국가적으로 추진해 왔던 각종 정책 사업에 대한 현안과 갈등 해결 과제가 산적하였다. 대표적으로는 미국과의 통상 관계에서 반복적으로 제기됐던 스크린쿼터 폐지 문제가 있었다. 또 하나는 우리나라가 유일하게 종주국 지위를 가진 태권도의 세계화를 위해 추진해 온 태권도원의 부지 선정 문제였다. 이외에도 포화 상태에 이른 태릉선수촌의 기능을 분산하고 이전하는 데 필요했던 제2선수촌의 입지 선정 문제 그리고 호텔·리조트 산업 활성화 및 외국인 관광객 유치를 위해 업계에서 지속적으로 요구해 온 외국인 카지노의 허가 및 선정 문제 등이 있었다. 당시에는 각 사안마다 엄청난 갈등과 사회적 이슈를 만들었던 대형 사건들이지만 돌이켜보면 끊임없는 대화와 설득, 이해의 과정을 거쳐 합리적 정책결정을 이룰 수 있었다.

이처럼 김대중 대통령의 국민의 정부에서는 문화강국이라는 꽃을 피우기 위해 땅을 고르고 씨를 뿌렸다고 할 것이다. 문화관광부로 명칭을 변경하고 문화관리국 수준에 머물렀던 문화유산 정책을 성장·확장해 나가기 위해 문화재청으로 독립·승격시

켰으며, 금강산 관광 개시와 국가 문화 예산 1%를 달성하였다. 그 기반 위에 노무현 대통령의 참여 정부는 잡초를 뽑고 물과 거름을 주며 '지원은 하되 간섭하지 않는다'라는 문화정책의 원칙을 견지하였다. '창의 한국'과 '예술의 힘'이라는 국가 문화정책을 수립하고 지역문화를 발굴·육성뿐 아니라 문화기술 정책을 확대 추진하였다.

그러나 이명박 정부가 출범하자 그동안 정성스럽게 가꾸어 온 튼실한 화초들이 심각하게 훼손되기 시작했다. 마음에 드는 화초에만 물과 거름이 주어졌고 가시가 있다는 이유로 꺼려진 선인장이나 자기만을 바라보지 않는다는 이유로 미운털이 박힌 코스모스와 해바라기는 낫으로 베어버리거나 꺾여나갔다. 급기야 꽃밭 전체가 갈아엎어지기까지 했다.

그뿐만이 아니었다. 보수정권이 박근혜 정부로 이어지자 이제는 아예 뿌리째 뽑아내고 씨마저 말리려는 듯 화초들의 '명단'이 작성되기 시작했다. 세계인이 함께 감탄해야 할 우리 문화의 꽃들이 '잡초'로 둔갑한 채 편 가르기의 대상이 되고 '불온'이라는 완장이 채워져 매장되기까지 했다. 이로 인해 수많은 문화예술인이 암흑과도 같은 인고의 시간을 견뎌야 했다.

아이러니한 것은 바로 이 시기에 정부가 외부적으로는 '품격 있는 문화국가', '문화 융성의 시대'를 외치며 문화정책을 포장

했다는 점이다. 실제로 문화기본법, 지역문화진흥법, 문화다양성법, 예술인복지법 등 문화국가의 기초를 다지는 여러 법률이 제정되기도 했다. 그러나 그 제도의 본질은 냉혹한 현실과 따로 놀았다.

어둠이 깊을수록 별은 더욱 빛나고 밤이 깊을수록 새벽은 가까워진다고 하지 않던가. 그리고 '이것 또한 지나가리라(Hoc quoquo transibit)'라는 말처럼 권불십년(權不十年)도 되지 않아 꽃밭을 짓밟았던 권력자들은 결국 영어(囹圄)의 몸이 되거나 법의 심판을 받게 되었다.

전국의 촛불이 모여 박근혜 대통령 탄핵이라는 역사적 사건과 함께 문재인 정부가 출범했다. 황폐해진 문화의 꽃밭을 다시 정원사들의 손에 맡겨 하나하나 되살리기 시작했다.

가장 먼저 평창 동계올림픽의 성공 개최를 위해 총력을 기울였다. 동시에 정권의 입맛에 따라 편 가르고 줄 세우며 완장을 씌우던 문화예술계 블랙리스트 사태에 대한 진상조사도 착수했다.

문재인 정부는 '자율성, 다양성, 창의성'을 핵심 가치로 삼아 명실상부한 문화국가로의 도약을 위한 '문화비전 2030: 사람이 있는 문화'를 수립하였다. '콘텐츠 산업 3대 혁신 전략'을 통해 글로벌 시장을 겨냥했고 외래 관광객 2,300만 시대를 준비하는 청사진도 내놓았다. 양질의 문화 일자리를 창출하기 위한 '문화뉴

딜 프로젝트' 역시 체계적으로 검토되었다.

그러나 그것은 신(神)의 시샘이었을까. 아니면 행복에 이르기 전 반드시 지나야 할 시련이었을까. 2년여에 걸쳐 쌓아 올린 정책들과 정상화 노력은 2020년 새해 벽두부터 전 세계를 휩쓴 코로나19 팬데믹이라는 거대한 장막 앞에서 멈춰 설 수밖에 없었다. 문화예술계는 특히 심각한 피해를 입으며 생존을 위한 몸부림 속에 3년여의 세월을 보내야 했다. 그 사이 다시 정권은 교체되었고 윤석열 정부가 출범하였다.

역사는 반복되고 악은 순환되는 것이 이치일까. 한강 작가의 말처럼 "세계는 왜 이토록 폭력적이고 고통스러운가?"라는 질문은 우리 역사 속 보수정권들의 문화에 대한 태도를 떠올리게 한다. 왜 그들은 문화에 이토록 폭력적이고 적대적이며 잔인했는가?

한때 역사를 전공했던 사람으로서 오늘의 현실을 과거의 역사에 비춰볼 때마다 답답함이 밀려온다. 아니나 다를까, 한때 꽃밭을 갈아엎고 화초를 뿌리째 뽑아 씨를 말리려 했던 이들이 다시 문화 권력의 전면에 등장했다.

혹시나 하는 마음으로 이번만큼은 역사의 교훈을 되새기고 시대가 부여한 소명에 충실하길 기대했다. 그러나 정권 출범 후 3년여가 지난 후 돌아온 대답은 역시나 였다.

오히려 과거보다 더 교묘하고 탐욕스럽게 변질된 채, 도자기 박물관에 들어온 코끼리처럼 백년대계(百年大計)의 문화 꽃밭을 마구 휘젓고 다니며 짓밟아 버렸다.

그 코끼리는 알고 있을까. 아니 단 한 번이라도 생각해 본 적이 있을까. 백여 년 전 민족의 선각자들이 품었던 간절한 꿈―오직 하나, 높고 깊은 문화의 힘을 바탕으로 진정한 문화국가를 이루고자 했던 그 숭고한 뜻을...

권불십년(權不十年) 화무십일홍(花無十日紅)이라 했던가! 인간은 망각의 동물이고 역사는 반복된다고 했던가! 또다시 읊조리게 되는 말이다.

2024년 12월 3일 밤, 대통령 윤석열이 영구집권을 꿈꾸며 '파렴치한 종북 반국가 세력들을 일거에 척결하고 헌정질서를 지켜나가겠다'라는 미명하에 자행한 비상계엄 선포는 야당의 거센 반발과 민주주의를 수호하려는 우리 국민의 하나 된 빛의 혁명으로 좌절되었고 끝내 헌법재판소의 파면 결정으로 역사의 뒤안길로 사라졌다. 그리고 6개월 후 치러진 대선에서 승리한 이재명 대통령은 "김구 선생이 꿈꿨던 문화강국이라는 미래가 지금 바로 우리 눈앞 가까이에서 펼쳐지고 있다"라며 "문화예술 산업계 종사자들이 일궈낸 K-콘텐츠 열풍에 국가가 날개를 달아 드리겠다"라고 밝히고 "문화강국에 부합하는 수준으로 국가 재정을 늘리고, 문화예술 R&D(연구·개발), 정책금융, 세제 혜택 등 전방위적 인센티브를 확대해 K-콘텐츠 산업의 지속가능한 성장을 지원하겠다"라고 약속했다. 주목할 점은 역대 어느 정부에서도 찾아볼 수 없는 문화예술과 콘텐츠산업 지원 정책을 국정 핵심과제로 제시하고 있다는 점이다. 부디 이재명 국민주권 정부에서는 '지원은 하되 간섭하지 않는다'라는 팔 길이 원칙(arm's length principle)을 견지하며 문화가 꽃피는 문화강국을 열어나가길 기대해 본다.

사전적으로 문화(Culture)란 한 사회의 개인이나 집단이 자연을 변화시키며 형성해 온 물질적·정신적 산물이며 인간 집단의 생활양식과 상징체계를 의미한다.

글로벌 K-컬처란 바로 이러한 수천 년의 역사와 전통 그리고 우리 사회가 축적해 온 삶의 방식과 정신이 세계로 확산하는 현상을 말한다. 중요한 점은 그 확산이 결코 총칼이나 군대, 정치적·사상적 이데올로기에 의해 강요된 것이 아니라는 것이다. 문화의 힘은 인간의 본능적인 욕구(멋진 옷을 입고, 맛있는 음식을 즐기며, 안전하고 쾌적한 집에서 살고자 하는 욕망)를 채워준다. 도시 역시 마찬가지다. 현대의 도시는 단순히 건물과 도로, 각종 인프라로 이루어진 물리적 공간이 아니다. 도시는 그 안에 사는 사람들의 꿈과 희망, 정체성과 감성을 담은 살아 있는 생명체와도 같다.

　이 책은 시대의 선각자 김구 선생이 〈나의 소원〉에서 동포에게 호소했던 오직 한없이 가지고 싶었던 높은 문화의 힘을 반추하며 글로벌 K-컬처가 갖는 의미를 살피고, AI 시대 국가 핵심 산업으로 부각되고 있는 문화예술 콘텐츠가 창조기술과 결합해 도시 전체를 테마파크로 변화시켜 나가고 있는 글로벌 문화창조산업축제 크리에이티브×성수의 시작과 전개 과정을 기술하였다. 아울러 세계 도시들이 '문화는 도시의 심장이다'라는 가치철학을 바탕으로 문화와 도시, 도시 구성원의 상호작용을 통해 쇠퇴해 가던 도시를 어떻게 발전시키고 있는가를 조망하였다. 마지막으로 도시의 문화 플랫폼 역할을 수행하는 지역문화재단의 성과와 비전을 생각하며 대한민국 창조산업을 선도해 나갈 문화의 힘은 어떻게 지속가능할 것인가에 대한 진지한 고민을 담고자 하였다.

프롤로그

차례

프롤로그

- 문화를 꽃피우라는 미션, 인생을 바꾸다   4
- 우리의 미래는 문화가 좌우한다   7

1부   김구의 꿈에서 세계인의 꿈으로   21

- 글로벌 K-컬처의 시대   23
- 오직 한없이 가지고 싶었던 것   28
- 문화, 도시의 운명을 바꾸다   32
- 왜 문화도시인가!   36
- 왜 도시는 문화에서 미래를 찾는가?   40
- 역사에서 찾는 문화적 통찰력   41
- 도심의 할렘에서 창조산업의 메카로   46

| 2부 | 세상 어디에도 없는 글로벌 문화창조산업축제 | 53 |

- 크리에이티브×성수(Creative×Seongsu)   55
  1. 문화기술페어(Culture Technology Fair)   83
  2. 체인지 메이커 컨퍼런스(Change Maker Conference)   94
  3. 플레이 성수(Play Seongsu)   96
  4. 아트 성수(Art Seongsu), 크래프트 성수(Craft Seongsu)   99
  5. 뮤직 성수(Music Seongsu)   104
  6. 패션 성수(Fashion Seongsu)   107
  7. 웹툰 성수(Webtoon Seongsu)   111
  8. 필름 성수(Film Seongsu)   114
  9. 로컬, 뷰티, 테이스티 성수(Local & Beauty & Tasty Seongsu)   119
  10. 도서관·미술관·박물관·공연장이 어우러진
  문화편의점(Culture Space)   123

3부 문화로 성장하는 세계의 도시　　　　　　　　　　129

- 도시의 탄생, 성장과 쇠퇴　　　　　　　　　　　131
- 도시와 문화의 만남　　　　　　　　　　　　　　143
- 자신의 시장을 창조하는 문화　　　　　　　　　　148
- 문화를 매개로 통합을 이끄는 유럽　　　　　　　　151
- 유럽 문화수도 프로젝트　　　　　　　　　　　　156
  1. 문화 거버넌스로 지속가능한 도시를 만든 릴(Lille) 160
  2. 문화유산 보존을 통한 볼로냐식 도시재생　　　163
- 유네스코 창의도시 네트워크　　　　　　　　　　167
  1. 미디어아트 창의도시 오스틴　　　　　　　　171
  2. 음악 창의도시 세비야　　　　　　　　　　　173
  3. 공예·민속예술 창의도시 가나자와　　　　　　174

4부   문화행정가의 길   179

- 누구나 문화를 만들고 누리는데 장벽이 없는 도시 181
- 문화행정 기틀을 닦는 업무매뉴얼   188
- 지역과 세계를 잇는 지역문화재단   192
- 편식을 경계하는 주민 친화적 공연기획   197
- 지역축제의 글로벌화 전략   206
- 성동에서 싹트는 K-컬처의 미래   212
- 피로와 고립의 장막을 허무는 생활문화   217

에필로그   224

- 사람이 먼저이고, 사람 사는 세상의 중심에 문화가 있다   224
- 지원은 하되 간섭해서는 안 된다   228
- 사람이 있는 문화로 '문화의 힘'을 보여주자   230
- 문화로 성장하는 포용공동체   234

1부

THE POWER
OF CULTURE

김구의 꿈에서
세계인의 꿈으로

글로벌
K-컬처의 시대

지난 2023년 4월, 미국의 글로벌 멀티미디어·엔터테인먼트 기업인 넷플릭스는 한국 콘텐츠 시장에 천문학적인 금액을 투자하겠다고 밝혔다. 향후 4년간 약 25억 달러, 우리 돈 약 3조 3,000억 원에 달하는 엄청난 금액의 투자 계획이었다. 넷플릭스는 지난 2016년부터 2021년까지 한국 문화콘텐츠 시장에 1조 원 이상의 투자를 진행하였고 이미 그 투자만으로도 약 5.6조 원의 경제 효과와 1.6만 명의 일자리 창출 효과가 있다는 연구 결과가 나오기도 하였다.

넷플릭스가 투자·제작한 비영어권 TV 부문 콘텐츠 상위 10편 중에는 한국에서 제작한 '오징어 게임', '지금 우리 학교는', '더 글로리', '이상한 변호사 우영우'까지 총 4편의 작품이 이름을 올리고 있다. 더욱이 '오징어 게임'은 넷플릭스 역대 흥행 1위 기록을 현재까지도 유지하고 있으며, 최근 공개된 '폭싹 속았수다'

는 전 세계 시청자들의 눈물을 훔친 수작이었다. 글로벌 엔터테인먼트 기업들이 한국 문화콘텐츠 시장에 관심을 보이고 적극적으로 투자처를 찾는 것은 당연한 현상이 됐다. 특히 K-Pop 아이돌을 소재로 소니픽처스가 제작해 넷플릭스를 통해 개봉한 장편 애니메이션 '케이팝 데몬 헌터스'는 우리나라 전통문화와 현대 대중문화가 융합되었을 때 얼마나 큰 감동과 세계적 파장을 만들어 낼 수 있는지 단적으로 보여주는 사례이다.

세계인들의 한국에 관한 관심은 영상 콘텐츠 산업에만 국한되지 않는다. 21세기 팝 아이콘으로 불리는 BTS(방탄소년단), 블랙핑크, 뉴진스 등으로 대표되는 K-Pop 역시 글로벌 K-컬처 흐름에서 중요한 축을 담당하고 있다. 이들은 전 세계 팬덤, 특히 아미(ARMY)를 중심으로 강력한 문화적 파급력을 만들어내고 있다.

되돌아보면 한류의 서막은 1990년대 후반 '대발이 아빠'로 잘 알려진 드라마 '사랑이 뭐길래'가 중국과 동아시아 전역에서 큰 사랑을 받으면서 시작되었다. 이후 한식을 소재로 한 드라마 대장금 그리고 원더걸스, 동방신기, 싸이 등 K-Pop 스타들의 등장으로 한류는 본격적인 '열풍'으로 진화하였다.

이제는 영화, 춤, 전통문화 등 우리나라 문화예술 전반으로 확산하며 그야말로 K-컬처의 시대를 열어가고 있다.

도대체 무엇이 세계인들로 하여금 한국이라는 작은 나라의 문화에 이토록 마음을 열게 했을까? K-컬처의 놀라운 성과는 어디서 시작되었고 그 여정은 어디까지 이어질 수 있을까?

명확한 해답을 내리기는 쉽지 않다. 그러나 한 가지는 확실하다. K-컬처는 지금 이 순간에도 스스로를 혁신하며 세계인의 일상 속으로 조용히 그러나 깊이 스며들고 있다는 사실이다. 되돌아보면 한류가 막 시작되던 1990년대 후반만 해도 상당수 문화 평론가와 학자들은 한류의 지속가능성이 회의적이었다. 많은 칼럼과 인터뷰, 기고문에서 '짧게는 5년, 길게는 10년'이라는 유효기간이 거론되곤 했다.

그러나 그로부터 어느덧 사반세기가 흐른 오늘의 현실은 그 예측을 완전히 뒤엎었다. 드라마에서 시작된 한류는 K-Pop으로 이어졌고 이제는 영화, 게임, 애니메이션, 웹툰, 안무와 댄스, 클래식, 전통과 퓨전 국악, 태권도, 한글과 한복, 한식 등 우리 문화 전반으로 확장되었다.

K-컬처는 더 이상 일시적 유행이 아니라 세계인이 공감하고 소비하며 함께 향유하는 살아 있는 문화가 되었다. 지금 우리가 누리고 있는 이 문화의 힘은 과연 새로운 것일까? 아니다. 오히려 우리는 오랫동안 그 가치를 제대로 바라보지 못한 채 외면해 온 것은 아니었는지 돌아볼 필요가 있다.

해방 이후 산업화와 민주화의 거대한 물결 속에서 우리는 문화의 저력과 가능성을 종종 저평가했고 주요 정책의 우선순위에서도 뒷전으로 밀어놓곤 했다.

그러나 이제 우리는 김구 선생이 '나의 소원'에서 말한 "오직 한없이 가지고 싶은 높은 문화의 힘"을 70여 년 만에 마주하고 있다. 우리 스스로를 행복하게 만들고, 나아가 이웃에게도 행복을 줄 수 있는 힘―그것이 바로 지금의 K-컬처가 가진 진정한 의미다. 이제는 문화를 통해 '나'의 즐거움을 넘어 '우리'의 감동을 만들고 그것이 국경을 넘어 지구촌 이웃들과도 연결되는 시대에 살고 있다는 사실에 주목해야 한다.

우리 문화가 전 세계인이 즐기는 문화로 확대 발전할 수 있으리란 가능성은 그간 한류의 발전 과정에서 이미 입증되었다. 우리 문화와 예술 콘텐츠는 국내를 넘어 해외 진출의 도상에서 정부 차원[1]의 지원 이전에 민간 영역에서 충분히 그 경쟁력을 발휘하며 사랑받았다.

과거에는 특정 분야 또는 해외 유학파 예술인을 중심으로 문화 활동이 전개되었다. 그러나 1999년 '한류[2](韓流)'라는 용어로 통칭한 1세대 한류는 이러한 방식에서 벗어나 장르별·분야별 섹터(Sector)를 중심으로 성장하였다. 이후 2000년대 초·중반에는 산업형 클러스터(Cluster)를 형성하며 구조화를 이뤘고 2010년대 중반에 이르러서는 다양한 분야 간의 물리적 결합, 즉 컨버전스(Convergence)를 통해 세계 진출을 도모하였다.

2020년대에 접어들면서는 '신(新)한류'로 불리는 K-컬처 시대가 본격화되었다. 이 시기의 특징은 한국 문화 자체에 집착하기보다는 글로벌 문화와 융복합하는 화학적 결합, 즉 엔자임(Enzyme) 형태로 발전하고 있다는 점이다. 예컨대 전 세계 청소년들이 K-Pop을 들으며 성장하고 있으며 이것이 그들 세대의 문화로 자연스럽게 받아들이고 있다.

이러한 흐름에서 주목할 점은 문화의 생산과 소비가 다양성과 포용성을 기반으로 전개되고 있으며 이 과정을 통해 글로벌 경쟁력이 지속적으로 확대되고 재생산되고 있다는 사실이다.

---

1   정부는 전 세계 28개국, 33개의 재외한국문화원을 비롯해 84개국 244개소의 세종학당을 두고, 한국의 문화와 한글을 알리기 위한 다양한 프로그램을 운영하고 있다. 동경, 북경, LA, 파리 문화원은 코리아센터(재외문화원 관광공사 콘텐츠진흥원 해외지사 등 관련 유관기관이 공동 입주하여 원스톱 서비스 제공)로 운영. 자료출처: 문화체육관광부, 「통계로 보는 주요업무」 2023. 3.

2   한류라는 말은 <대장금> 등 한국의 드라마가 중국의 가정 TV를 장악하고, 대형 콘서트 장에서 클론이나 H.O.T 같은 아이돌 그룹들을 쫓아 열광하는 중국의 젊은이들의 유행흐름을《베이징칭녠바오(北京青年報)》자매지인《칭녠저우모(青年週末)》1999년 11월 19일 자에 '한류'라는 말을 처음 사용하면서 거론되었다.

오직 한없이
가지고 싶었던 것

문화의 힘은 실로 대단하다. '오직 가지고 싶은 것은 높은 문화의 힘이다[3]'라는 소원과 바램 속에는 선각자의 선견지명이 내재해 있다. 새로운 문화의 근원이 되고 목표가 되고 모범이 되기를 바랐던 김구 선생이 생각한 문화와 문화의 힘은 어떤 것이었을까?

한국 영화 최초로 '기생충'이 감독상을 포함해 아카데미상 4개 부문을 석권한 이후 영화에 등장했던 '짜파구리' 수요가 전 세계적으로 열풍처럼 번졌다. 한국에서도 잊혔던 어릴 적 토속놀이가 '오징어게임'을 통해 재조명되었으며 가수 싸이가 불렀던 '강남스타일' 노래 한 곡이 수십~수백억 원이 투입되어도 쉽지 않을 도시 브랜드 홍보 효과를 창출하였다.

과거 배우 배용준이 출연했던 드라마 『겨울연가』를 통해 '욘사마 열풍'이라는 팬 문화를 일으키며 남이섬을 국내 최고의 관광지로 부상시켰다면 BTS가 빌보드 HOT100 차트 1위에 올랐던 곡 「마 시티(Ma City)」의 가사—"날 볼라면 시간은 7시, 모

---

3 『백범일지』 중 「나의 소원」, 1947

여 집합, 모두 다 눌러라 062-518"—는 전 세계 아미(ARMY) 팬들로 하여금 광주 5·18민주화운동과 광주의 역사에 관심을 갖게 하였다. 이들은 유튜브와 트위터를 통해 5·18 관련 영상과 콘텐츠를 자발적으로 공유하거나 직접 광주를 방문하는 사례를 만들어냈다.

불과 20여 년 전만 해도 이와 같은 사례는 특별한 예외에 속했지만 이제는 너무나 많아 모두 열거하기 어려울 정도가 되었다. 이러한 변화는 우리 문화의 저력, 즉 문화콘텐츠의 힘이 단순히 아티스트 개인의 삶에 그치지 않고 도시 브랜드를 형성하고 지역에 활력을 불어넣으며 나아가 국가의 경쟁력을 키우는 핵심 동력으로 작용하고 있음을 보여준다.

21세기의 '문화'는 더 이상 주변적 영역이 아니라 경제이자 산업이며 국가 경쟁력을 견인하는 핵심 키워드로 자리 잡고 있다. 이를 단적으로 보여주는 예로 2024년 우리나라 100대 대규모 기업집단에 엔터테인먼트(K-팝) 기업인 하이브가 이름을 올렸으며 이미 넥슨, 넷마블, 크래프톤 등 게임 전문 기업들도 주요 그룹으로 포진해 있다.

동서고금을 막론하고 시대의 발전상을 논할 때, 농업을 중심으로 한 1차 산업사회에서 공장과 굴뚝으로 상징되는 제조업 기반의 2차 산업사회를 거쳐 서비스·금융·정보통신 등으로 대변되는 3차 산업사회를 지나 인공지능(AI)과 챗GPT로 대표되는 4차 산업혁명 시대로 접어들었다. 여기서 얘기하는 4차 산업혁명 시대의 핵심 키워드는 빅데이터(Big Data), 알고리즘(AI) 그리고 소프트웨어·콘텐츠 파워다. 첨단 정보통신기술의 발달로 인해 수천 년 동안 인류가 창출해 낸 수많은 지식과 생활 데이터를 한곳으로 모으고 이를 손쉽게 이용할 수 있도록 정렬·배열·추출하는 알고리즘을 통해 새로운 콘텐츠로 만들어가는 능력(콘텐츠 파워)이 수반되는 사회가 될 것이란 예측이다. 그렇다면 소프트웨어 또는 콘텐츠 파워는 어디에서 기인하는가? 단언컨대 이는 인간이 갖고 있는 창의성(창조성)이며 그 바탕에 '문화예술'이 자리 잡고 있다는 것이다.

하지만 우리가 지나온 지난 100년의 역사를 되돌아보면 일제 식민 통치 시기(1910~1945)와 좌우 분열로 혼란을 겪었던 해방정국(1945~1950) 그리고 한국전쟁(1950~1953)이라는 민족상잔의 비극을 경험하였다. 이후 4·19 혁명(1960)과 5·16 군사쿠데타(1961), 유신체제(1972~1979), 새마을운동과 경제개발계획을 통한 급속한 산업화(1962~1996), 5·18 광주민주화운동(1980)과 6·10 민주항쟁(1987) 등은 모두 독재 권력에 저항하며 민중의 피로 일궈낸 민주화의 여정이었다.

또한 아시안게임(1986)과 서울올림픽(1988), IMF 외환위기

(1997~2001), 한일 FIFA 월드컵(2002), 세계금융위기(2007~2008), 코로나19 팬데믹(2020~2023)까지 대한민국은 말 그대로 국가와 국민이 모두 '다이내믹(Dynamic)'한 삶을 살아온 나라였다.

식민의 역사, 내전과 전쟁으로 인한 분단의 역사, 냉전과 독재를 거쳐 마침내 민주주의를 이뤄낸 국가는 세계사적으로 보아도 대한민국이 유일하다.

이처럼 우리 사회는 식민지와 좌우 분열, 전쟁과 군부독재, 냉전 시대 산업화와 민주화, 외환위기와 금융위기, 코로나19 팬데믹까지 거치면서 황폐해진 국토를 세계인이 부러워하는 최고의 도시들로 성장시켜 놓았으며 국민소득 1,000달러 시대에서 1만 달러, 2만 달러를 넘어 3만 달러 시대를 살고 있다.

지난 100년간의 시대 상황과 소득 수준을 간략하게나마 언급하는 이유는 우리 사회의 구성원들이 이처럼 복합적인 역사와 경험 속에 얽혀 현재를 살아가고 있기 때문이다.

즉 '먹고사는' 생존의 문제가 가장 절실했던 시기에 인생의 황금기를 보낸 세대가 있는가 하면 부익부 빈익빈이 심화하면서 최소한의 인권을 보장받기 위한 복지와 사회안전망의 확충이 무엇보다 중요했던 시대를 살아온 이들도 존재한다.

이제는 인생 백세시대에 접어들었다. 그렇다면 현재를 살아가는 우리 사회 구성원들이 가장 중요하게 생각하는 가치는 무엇일까? 그것은 다름 아닌 '삶의 질'을 높이는 것이 아닐까? 인간의 삶의 질을 결정하는 기본 요소는 의(衣)·식(食)·주(住)이다. 그렇게 기본적인 생존 문제에서 벗어나 사회 구성원들이 인간다운 생을 살아보고자 삶의 질에 집중하게 될 때 이를 채워줄 것이 바로 '문화'다. 이런 측면에서 '먹사니즘'(국민의 생존 조건인 경제 문제를 우선하겠다는 이재명 정부의 비전)을 넘어 '잘사니즘'(생존의 문제를 넘어 삶의 질을 높이겠다는 이재명 정부의 비전)의 사회를 열어가기 위한 핵심 키워드가 무엇일지는 자명해 보인다.

문화, 도시의 운명을 바꾸다

이제부터 '도시' 이야기다.

국가를 구성하는 3요소를 국민과 주권, 영토라고 한다면 도시 역시 시민과 시민권(시민자치권) 그리고 행정·법정 구역으로 획정된 영역으로 구성되어 있다. 역사적으로 근대 국가형태의 시작이라고 하는 1648년 베스트팔렌체제[4] 이후 각 국가는 자국 영토에 대한 배타적 주권을 갖는 주권평등 원칙이 적용되었지만 유럽의 경우 중세 봉건제의 영지주의와 도시국가 형태로 발전해 온 역사에 비춰 볼 때 여전히 도시나 지역 중심의 영역(영토)과 시민 정체성이 일정 부분 유지되고 있다.

그러나 우리나라를 포함한 아시아 국가들의 경우 전통적으로 왕조(왕권)를 중심으로 발전해 온 역사적 특성으로 인해 근대적 개념의 도시 또는 도시화는 서구와 마찬가지로 농업 중심 사회에서 제조업과 서비스업 등 산업 중심 사회로의 전환 과정에서 나타난 인구 이동 특히 일자리를 찾아 도시로 몰려드는 쏠림 현상에 크게 기인한 것으로 볼 수 있다.

이처럼 18세기 중반부터 19세기 초반까지 영국을 중심으로 시작된 산업혁명은 전 세계로 확산했고 19세기 중후반 이후에는 인구 밀집형 도시화가 한층 더 가속화되었다. 그 결과 인류는 이전까지 경험하지 못했던 다양한 사회문제들에 직면하게 되었다.

도시로 몰리는 사람들의 주거 문제를 포함하여 상하수도 문제, 에너지 문제, 쓰레기 문제, 교통과 통신 문제, 각종 범죄에 따른 치안 문제와 인권 문제 등이 줄을 이었다. 이를 해결하기 위해 도시 공동체는 권위적인 방식과 민주적인 방식을 시대에 따

---

4   유럽에서 전개된 30년 전쟁을 종식시키기 위해 신성로마제국, 스페인, 프랑스, 스웨덴, 네덜란드 등이 1648년 독일 베스트팔렌 지방의 뮌스터와 오스나브뤼크에서 맺은 강화조약으로 각 국가가 자국 영토에 대한 배타적 주권을 갖는다는 주권평등원칙을 국제적으로 천명한 조약으로 전 세계 국가들이 이를 법률로 적용하고 있다.

라 혼용하면서 대규모 사회기반시설(SOC)을 구축하고 사회안전망을 확충할 뿐 아니라 제도화된 매뉴얼(법과 제도)을 도입하는 방식으로 대응하였다.

그럼에도 불구하고 1990년대 이후 본격적인 정보화 사회로 전환되면서 또 다른 문제에 직면하게 되었다. 이 무렵 지구 온난화 등 인류의 생존권을 위협하는 환경문제가 본격적으로 제기되면서 제조업 기반 시설들이 도시에서 철수·이전되거나 환경오염물질을 배출하는 산업들의 경우 사업 자체가 중단될 뿐 아니라 전환되는 산업 환경 즉 정보화 사회로의 변화를 모색해야 했다. 이에 따라 수많은 공장 등이 도시재생사업의 대상지로 바뀌었으며 제조업 기반의 구성원들은 새로운 일터를 찾아 떠나는 상황이 초래됨으로써 도심 공동화가 사회문제로 부상하기 시작하였다.

대략 이 무렵부터 우리 사회에 '도시 브랜드'라는 개념이 확산하고 도시의 문화적 가치를 발굴하고 홍보하려는 노력이 전개되었다. 즉 기업이 제품을 브랜딩하여 홍보하는 방식을 접목하여 한 도시와 기업이 지역 자원(역사적·예술적·산업적)과 문화콘텐츠를 연계하여 의미와 본질을 찾아내고 브랜딩하려는 시도들이 다양한 도시에서 일어나기 시작하였다. 과거에는 오래된 공장이나 제조업 시설을 허물고 그 자리에 아파트나 상가를 새로 짓는 방식이 일반적이었다. 그러나 최근에는 가능한 한 원형을 보존하면서 그 공간에 이야기를 입히고 의미와 가치를 더하는 스토리텔링 방식을 통해 도시를 새롭게 만드는 사례들이 늘고 있다. 국내외 여러 사례를 살펴보면 도시 브랜딩에 가장 효과적인 열쇠는 역시 '문화'임을 확인할 수 있다. 문화는 도시를 혁신하고 발전시키는 핵심 전략이다.

도시재생과 도시브랜딩의 성공 사례는 세계 곳곳에서 문화의 힘으로 입증되고 있다. 예를 들어 쇠퇴하던 공업도시 스페인 빌바오는 구겐하임 미술관을 유치한 이후 단숨에 세계적인 문화도시로 탈바꿈했다. 프랑스 남부의 아비뇽은 제2차 세계대전 이후 폐허가 된 도시에 활력을 불어넣기 위해 1947년부터 연극제를 열기 시작했고, 오늘날 수십만 명의 관광객이 찾는 문화축제로 자리 잡았다.

스코틀랜드의 에든버러 공연예술축제, 미국 텍사스 오스틴의 사우스 바이 사우스 웨스트(SXSW) 뮤직페스티벌도 문화가 도시의 정체성과 경제를 견인한 대표적 사례다. 여기에 더해 미국 시애틀의 스타벅스나 테네시주 린치 버그의 잭 다니엘스처럼 도시와 기업이 만나 상생 브랜드로 성장한 사례도 주목할 만하다.

이처럼 문화는 낡은 산업 시설을 활용한 도시재생사업, 침체된 지역의 재도약 전략, 기업과 도시 간의 상생협력 등 다양한 형태와 방식으로 결합하며 도시의 미래를 바꾸는 동력이 되고 있다.

왜 문화도시인가!

우리나라의 경우 그동안 문화체육관광부와 산하 기관을 중심으로 지역의 대형 문화기반시설 건립이나 축제·공연·전시 등의 행사를 지원하는 방식이 주를 이루었다. 그러나 2014년 『지역문화진흥법』이 제정되면서 이러한 방식에 전환점이 생겼다. 이 법은 지역문화재단 설립과 문화 전문 인력 양성을 통해 '지역 간 문화 격차 해소'와 '지역 고유의 문화 발전'을 새로운 정책 목표로 제시하였다.

법률에는 "문화예술·문화산업·관광·전통·역사·영상 등 지역 고유의 문화자원을 활용하여 문화 창조력을 강화할 수 있도록 문화도시를 지정할 수 있다"라고 명시되어 있으며 이는 중앙정부 주도의 일방적 지원에서 벗어나 지역 스스로의 문화기획 역량과 고유 자산에 주목한 방향 전환이라 평가할 수 있다.

물론 문화 분권, 문화 자치, 재원 확보 등의 측면에서는 아직 미비한 법적·제도적 장치가 한계로 지적되기도 한다. 그러나 지역문화의 중요성을 제도적으로 천명하고 '도시에 문화를 입힌다'라는 관점에서 정책적 의미는 분명하다.

특히 지방자치제 시행 이후 20여 년이 흐른 시점에서야 지역문화의 중요성이 법률로 정립되었다는 점은 시사하는 바가 크다. 이는 지방자치단체 또는 도시가 스스로 문화도시로 성장하기 위해서는 중앙정부의 정책적 뒷받침과 예산 지원이 여전히 절대적임을 반증한다. 급속한 산업화 속에 도시화가 진전되었지만 시민 자치와 정체성의 뿌리가 약한 한국의 현실을 고려할 때, '문화를 통한 도시 발전 모델'은 이제 막 출발선에 선 셈이다. 이런 측면에서 지난 2018년 문화체육관광부는 본격적으로 문화도시 지정 사업을 추진하였고, 지난 5년 동안 4차에 걸쳐 전국에 총 24개 문화도시[5]를 선정·지원하고 있다. 이뿐만 아니라 그동안 문화체육관광부와 지자체는 문화적 도시재생사업과 아시아문화중심도시 사업, 동아시아문화도시 사업, 대한민국 문화도시 사업 등 다양한 사업을 전개하며 문화를 통한 도시 발전모델을 모색하였다. 초기에는 주로 도시 인프라나 폐산업시설에 문화예술을 접목하는 방식의 도시재생 사업이 주를 이루었다. 그러나 최근에는 이를 넘어 문화 자체를 도시 계획의 중심에 두고, 도시 전체를 하나의 문화 생태계로 전환하려는 보다 포괄적이고 전략적인 시도들이 나타나고 있다.

라도삼은 「문화도시와 문화전략」이라는 논문에서 "문화도시는

---

5   문화체육관광부는 2019년 7개 도시(경기 부천시, 강원 원주시, 충북 청주시, 충남 천안시, 경북 포항시, 제주 서귀포시, 부산 영도구), 2020년 5개 도시(인천 부평구, 강원 강릉시, 강원 춘천시, 전북 완주군, 경남 김해시), 2021년 6개 도시(서울 영등포구, 경기 수원시, 전북 익산시, 전남 목포시, 경남 밀양시, 충남 공주시), 2022년 6개 도시(울산광역시, 경기 의정부시, 강원 영월군, 전북 고창군, 대구 달성군, 경북 칠곡군) 등을 법정 문화도시로 지정하였음.

당연히 도시문화라는 영역을 품고 있어야 하며, 도시문화로부터 문화를 창출하는 전략을 갖추고 있어야 한다"라고 강조하였다.[6] 이는 단순한 문화 시설이나 행사의 유치가 아닌 도시 고유의 문화적 자산과 정체성을 바탕으로 문화 창출의 선순환 구조를 형성해야 한다는 의미이다.

오늘날 우리가 지향하는 미래의 문화도시는 한 걸음 더 나아가야 한다. 4차 산업혁명이 만들어내는 새로운 경제체제를 기반으로, '지속가능성'과 '발전가능성'이라는 두 가지 과제를 동시에 해결할 수 있어야 한다. 다시 말해 문화가 단지 도시의 미적 가치를 높이는 도구에 머무는 것이 아니라 도시의 미래 먹거리와 공동체의 회복력을 함께 견인할 수 있는 핵심 전략으로 작동해야 한다는 것이다.

이쯤에서 문화도시의 미래상인 지속가능성과 발전가능성을 동시에 모색하기 위해 지역으로 시선을 돌려보자. 성동구는 서울의 중심에 있지만 한때 가장 낙후된 주거환경과 산업 경쟁력을 잃고 침체한 제조업 기반 도시였다. 옥탑방과 달동네, 판자촌 등 드라마 소재로 자주 등장하는 곳이었으며 공장지대를 찾아 일자리를 구하러 상경하는 이들이 한 번쯤은 머물렀던 반지하 단칸방이 많았던 지역이었다. 그러나 지금의 성동구는 어떠한가?

다소 저돌적으로 느껴졌던 '#성동에 살아요'라는 캐치프레이

즈는 성동구민의 정체성과 자부심으로 자리매김하고 있다. '더불어 행복한 스마트포용도시'[7]라는 구정 슬로건은 스마트 쉼터와 스마트 횡단보도, 스마트 빗물받이, 스마트 QR 안심앱 등으로 구현되어 혁신과 창조의 도시로 탈바꿈하고 있다. 성동구에서도 가장 개발이 늦어지고 변화가 더뎠던 성수동은 연간 서울시민 수십만 명이 찾는 서울숲을 품으며 둥지내몰림(젠트리피케이션) 방지를 선도하는 도시로, 공장과 창고, 제조업 시설들이 카페와 패션, 뷰티, 엔터테인먼트, 팝업 스토어로 리모델링되고, 젊은이들이 북적대는 붉은 벽돌의 도시로 변모하고 있다. 그뿐만 아니라 300여 개의 소셜 벤처기업들이 밀집되고, 68개의 지식산업센터와 공유오피스 건물에 크리에이터, 스타트업이 몰려들면서 대한민국의 4차 산업 혁명을 견인하고 있다고 해도 과언이 아니다. 여기에 더해 성동구는 스마트한 문화를 입히고 있다. 첨단과학과 정보통신기술을 문화와 접목해 누구나 문화를 만들고 누리는데 장벽이 없는 도시를 구현하는 전략을 전개해 나가고 있는 것이다.

---

6   라도삼, 「문화도시와 문화전략」, 『디지털콘텐츠와 문화정책』 가톨릭대학교문화비즈니스, 2007

7   성동구는 스마트 쉼터, 스마트 횡단보도 등을 통해 '2022년 지방자치단체 ESG Korea Awards'(주최: ESG 행복경제연구소, 서울대학교 환경대학원, 한스경제), '2021년 스마트도시 인증제, 우수 스마트 도시'(주최: 국토교통부)로 선정되었다.

왜 도시는
문화에서 미래를 찾는가?

오늘날 전 세계 수많은 도시가 앞다투어 '도시에 문화를 입히는' 전략을 추구하고 있다. 그렇다면 왜 도시들은 문화에서 미래를 찾으려는 것일까? 그 배경은 다섯 가지 주요 이유로 요약할 수 있다.

첫째 경제 성장이 일정 수준에 도달하면 도시 공동체는 단순히 '먹고사는 문제'를 넘어 삶의 질을 추구하게 된다. 시민들은 물질적 만족을 넘어 감성적·정서적 만족을 채워줄 무언가를 요구하게 되며 바로 이 지점에서 문화의 역할이 두드러진다.

둘째 거대한 민족국가 중심의 시대에서 지방자치와 분권의 시대로 접어들며 도시의 정체성을 확립하는 일이 공동체 유지와 발전의 핵심 요소로 떠오르고 있다. 도시는 자신만의 고유한 스토리와 문화를 통해 존재의 의미를 새롭게 정립할 필요가 있다.

셋째 개인주의를 넘어 이기주의와 고립주의로 변질된 현대인의 삶의 방식이 사회적 갈등과 공동체의 해체를 불러오고 있다. 이를 극복하기 위해서는 무엇보다 공동체 복원이 시급하며 문화는 사람들을 다시 연결하는 매개가 될 수 있다.

넷째 지속가능한 도시로 성장하려면 자체적인 정체성과 콘텐츠를 기반으로 미래 시장을 창출할 수 있는 내재적 동력 즉 도시 발전소 역할을 할 전략이 필요하다. 문화는 바로 그 성장동력으로 작동할 수 있다.

다섯째 인공지능(AI)과 로봇 기술의 발달로 많은 노동이 기계로 대체되고 있는 지금 인간의 여백을 어떻게 채울 것인가 하는 문제가 부상하고 있다. 더 이상 '일'만으로 도시 구성원의 삶이 채워지지 않기에 문화는 그 빈자리를 메울 핵심 대안이 된다.

이처럼 현대 도시가 직면한 과제들—삶의 질, 정체성, 공동체, 지속가능성, 인간다운 삶—을 해결하기 위해 많은 정책 전문가는 '문화'에서 해답을 찾고 있다. 문화는 도시의 문제를 치유하고 도시의 미래를 여는 열쇠가 되고 있다.

역사에서 찾는
문화적 통찰력

'명견만리(明見萬里)'라는 말이 있다. 말 그대로 '만 리 앞을 내다본다'라는 뜻이다. 이는 단순한 예지력이 아니라 인류가 쌓아온 지혜와 통찰을 바탕으로 미래를 가늠할 수 있는 혜안(慧眼)을 말한다. 그렇다면 우리는 어떻게 미래를 내다볼 수 있을까?

영국의 역사학자 에드워드 핼릿 카(E.H. Carr)는 『역사란 무엇인가(What is History?)』에서 "역사는 과거와 현재 끊임없는 대화"라고 말한 바 있다. 역사는 단순히 흘러가 버린 과거가 아니라 그 속에 담긴 교훈을 통해 현재를 비추고 미래를 조망하는 일이라는 것이다.

여기서 중요한 접근법은 바로 문화적 통찰력이다. 한 시대의 인간과 공동체가 공유한 의식, 종교, 철학, 생활양식 등 문화 전반에 대한 이해 없이 특정 왕조나 인물, 사건에만 집중한다면 역사는 금세 과거의 골동품이 되기 쉽다. 의미 있는 질문 없이 바라보는 역사는 단순한 이야기 즉 흥밋거리로 전락할 뿐이다.

2016년 필자는 조정래 작가의 소설 『정글만리』를 읽고 중국 산시성의 성도 '시안(西安)'을 직접 찾은 적이 있다. 이 소설은 허구임에도 불구하고 상사원 '전대광'이라는 인물의 시선을 따라 중국 사회의 문화와 관습, 의식과 태도를 설득력 있게 풀어낸다. 2000년대 이후 급속한 경제성장을 이루는 중국의 풍경과 자본과 권력, 인간관계('꽌시')로 얽힌 기업들의 치열한 생존경쟁은 마치 정글의 법칙처럼 생생히 그려진다.

하지만 무엇보다 내 마음을 멈추게 한 책 속 한 문장이었다.

"중국의 과거는 시안에 있고, 현재는 베이징에 있으며, 미래는 상하이에 있다."

필자는 이미 2000년대 초 베이징과 상하이, 홍콩을 여행하며 중국의 현재와 미래를 주마간산처럼 스쳐본 적이 있었지만, 정작 '과거'인 시안은 떠올리지 못했다.

시안(西安)은 서기 618년부터 907년까지 약 290년 동안 당나라의 수도였던 장안(長安)을 일컫는다. 지금으로부터 천년도 훨씬 전에 이미 인구 100만의 도시였으며 중동과 중앙아시아, 유럽과 아프리카뿐 아니라 신라·백제인들의 집단 거주촌이었던 신라방과 백제방이 있었던 곳으로 외국인과 외국 문화를 존중하고 수용하는 다양성과 포용성의 상징 도시이기도 했다. 도시 동쪽에는 진시황릉의 병마용갱과 더불어 도교의 성지이자 무협지의 배경으로 자주 등장하는 화산(华山)이 자리하고 있으며, 서쪽으로는 부처님의 진신사리를 모신 법문사(法门寺), 당 현종과 양귀비의 사랑 이야기가 깃든 황실 온천지 화청지(华清池) 그리고 중국 근현대사의 흐름을 바꾼 '시안사건(西安事变, 1936년)'의 현장이다. 이 사건은 동북군(만주군) 지휘관 장쉐량(张学良)이 국민당의 장제스를 감금하고 공산군 토벌 중지를 요구하며 제2차 국공합작의 단초를 마련한 역사적 사건이었다.

이처럼 시안은 단순한 고도(古都)를 넘어 중국 문화의 심장이라 불릴 만큼 중화 문명의 중심지로 평가받는다. 바로 이 도시에서 나는 문화를 통해 과거를 이해하고 현재를 성찰하며 미래를 내다볼 수 있는 가치를 발견하고 싶었다.

이런 측면에서 이탈리아 로마를 방문했을 때 포로 로마노를 비롯한 여러 유적지를 둘러볼 기회가 있었다. 콜로세움과 개선

문, 판테온 신전, 전차 경기장을 거닐며, 문득 "산천은 의구하되 인걸은 간데없구나. 어즈버 태평연월이 꿈이런가 하노라"라는 시조 한 수를 되뇌게 되었다.

기원전 27년 가이우스 옥타비아누스가 원로원으로부터 '아우구스투스(존엄한 자)'라는 칭호를 받고 로마제국의 초대 황제로 즉위한 이후 로마는 수많은 정복전쟁을 통해 광활한 영토를 차지하고 그 위에 로마의 문화와 종교를 심었다. 일부 역사학자들에 따르면 당시 로마의 인구는 약 40만에서 100만 명에 이르렀을 것으로 추정되며 이는 유럽 문화의 심장으로서 로마의 위상을 말해준다.

그러나 시간이 흐르며 다양성과 포용성을 잃은 제국은 쇠퇴의 길로 들어섰다. 서기 313년 콘스탄티누스 황제가 기독교를 공인한 이후, 330년 수도를 비잔티움(현 이스탄불)으로 이전하면서 동서로 갈라진 로마제국은 점차 균열을 보였다. 380년 기독교가 로마제국의 국교로 선포된 뒤, 게르만족의 대이동으로 인해 서로마는 476년에 멸망하고 동로마(비잔틴 제국)는 오스만 제국에 의해 1453년에 역사 속으로 사라졌다.

저명한 신학자이자 역사학자인 한스 큉(Hans Küng) 교수는 이러한 흐름을 "로마제국과 유럽 사회는 중세 천 년 동안 가톨릭 교회 중심의 폐쇄성과 획일성으로 인해 이슬람 세력과 대립하고 동방과의 교류가 차단된 고립된 섬으로 전락했다"라고 진단했다.

이처럼 로마는 한때 인류 문명의 정점이었지만 다양성과 개방성을 잃은 대제국은 결국 지속가능하지 않다는 역사의 교훈을 우리에게 전하고 있다.

동양과 서양 문화의 역사적 뿌리를 눈으로 직접 확인하고자 탐방하였던 로마와 시안은 고도(古都)의 풍모를 고스란히 간직하고 있었다. 눈에 비친 시안은 성벽으로 둘러싸인 시가지와 회족(回族) 거리, 붉은 건물과 조명으로 불야성을 이룬 도시로 서역으로 가는 실크로드의 시작을 알리듯 활력이 넘쳐났다. 시안 성곽에 올랐을 때는 전율이 일었다. 자전거를 타고 12m 높이의 성곽 길을 돌아보며 이곳에서 수많은 관객과 어우러진 K-Pop 콘서트가 열리고 전 세계인이 열광하며 문화로 하나 되는 즐거운 상상을 하게 만들었다. 시안의 문화 탐방을 마치고 돌아와 〈사기(史記)〉[8]와 〈로마제국쇠망사〉[9]를 다시 읽기 시작하였다. 역사

---

8 사기(史記)는 중국 한(漢)나라 무제 때 사마천(司馬遷)이 BC 108년 ~ BC 91년경에 쓴 역사서로 제왕의 연대기를 다룬 본기(本紀) 12편과 제후국의 왕을 다룬 세가(世家) 30편, 제도와 문물의 연혁에 관해 쓴 서(書) 8편, 연표인 표(表) 10편, 시대의 영웅호걸의 활동을 다룬 열전(列傳) 70편 등 총 130편으로 구성되어 있는 책이다.

9 로마제국쇠망사(The History of the Decline and Fall of the Roman Empire)는 E.기번이 1776년 ~1788년 전 6권으로 간행한 책으로 트라야누스 황제(재위 98~117)부터 서로마제국의 멸망, 유스티니아누스 1세(재위 527~565)의 동로마제국, 샤를마뉴(재위 768~814) 이후 신성로마제국, 비잔틴제국이 오스만튀르크에 의해 멸망(1453)까지 약 1300년의 로마역사를 기술한 책이다.

와 종교, 문화를 다시 해석하고 통찰하는 시간을 갖기 위해서였다. 결과적으로 배타적이고 획일적인 문화를 강요하는 권력이나 도시는 쇠락하지만 포용적이고 다양성을 추구하는 권력과 도시는 번성한다는 것을 새삼 확인할 수 있었다.

이제 우리의 현실을 역사의 거울에 투영시켜 볼 필요가 있다. K-Pop을 중심으로 K-컬처가 세계 곳곳으로 전파되어 세계인들을 열광시키는 시대를 살고 있다. 과거 외국 문화를 비판없이 받아들이며 우리 문화의 우수성과 가치가 저평가되던 시절에는 '우리 것이 좋은 것'이라는 말로 위안 삼곤 했다. 세계 문화를 선도하고 있다는 평가를 받는 지금, 전 세계가 한국적인 것을 지칭할 때 'K'를 상용구처럼 사용한다. 한때 '우리 것이 좋은 것'이라며 자신을 다독여야 했던 우리가 이제는 세계가 먼저 주목하는 문화의 주체가 되었다. 이제야말로 자부심을 넘어서 다양한 문화를 존중하고 함께 어우러지는 문화강국으로 나아가야 할 때다.

도심의 할렘에서
창조산업의 메카로

국회와 문화체육관광부에서 오랫동안 문화정책을 기획하고 수립하는 정책입안자로 일해 온 필자에게 깊은 울림을 준 책 한

권이 있었다.

tvN의 인기 프로그램 알쓸신잡(알아두면 쓸데없는 신비한 잡학사전)으로 대중에게 익숙한 유현준 교수가 쓴 『어디서 살 것인가』라는 책이었다. 표지에 적힌 질문은 지극히 단순하고도 일상적인 것이었다. 하지만 그 문장은 마치 번개처럼 내 머릿속을 강타했다. '어디서 살 것인가?' 누구나 한 번쯤 가족이나 친구들과 나누었을 법한 이 흔한 질문이 나에게는 도시와 공간, 문화와 삶에 대한 본질적인 화두로 다가왔다. 일상의 가십이 아니라 정책과 철학을 뒤흔드는 전환점이 된 것이다. 그 이후 나는 스스로에게 또 다른 질문을 던지게 되었다.

앞으로 사람들은 어떤 도시에서 살고 싶어 할까?

이제부터는 지난 25년 넘게 내가 살아온 도시 이야기 그리고 그 도시에서 펼쳐온 문화행정과 사람들의 삶에 대한 성찰을 나누려 한다.

필자가 살고 있는 성동구는 예로부터 지리적으로는 뚝섬, 두뭇개[10] 등의 나루가 있어서 강원도에서 올라오는 목재와 땔감, 충청·전라·경상도에서 한양으로 공급되는 식량과 잡화 등이 모

---

10 두모포(豆毛浦)라고도 불리며 성동구 옥수동에 있던 마을이다. 동쪽에서 흘러오는 한강의 본류와 북쪽에서 흘러오는 중랑천의 물이 합류되는 데서 마을 이름이 유래되었다. 조선시대 이곳을 두뭇개·두멧개·두물개 또는 한자명으로 두모주·두모포라고 불렀다. 응봉산 서남쪽에 위치한 이 마을은 뒤로는 높은 산이 병풍처럼 둘러싸고 앞으로는 한강의 맑은 물이 흘러 정경이 아름답기로 유명하다. 서울역사편찬원, 『서울지명사전』 2009 참고

여드는 나루터이자 사람과 물자가 모이는 관문 역할을 했던 곳이다. 현대에 와서는 강남구, 용산구, 동대문구, 광진구, 중구 등 다른 지자체와 접하고 있으며, 청계천과 중랑천, 한강 등 14.2km의 긴 수변을 끼고 있다. 강남을 잇는 성수대교, 동호대교 등이 놓이고 왕십리역을 중심으로 지하철 2·5호선과 수인·분당선, 경의·중앙선 등 4개 노선이 통과할 뿐 아니라 향후 동북선·GTX-C 노선이 추가될 예정인 명실상부한 서울의 동서남북을 연결하는 사통팔달 교통의 요지이다. 세월이 흘러도 예나 지금이나 변하지 않은 서울의 중심 역할을 하는 셈이다.

　　조선시대에는 국가의 중요한 인재를 길러 내기 위해 학문을 연구하거나 도서를 열람할 수 있는 동호독서당을 이곳 성동구의 응봉산 인근에 설치하여 인재 양성을 위해 힘썼던 곳이었다. 또한 세종 원년 남서해안에 출몰하여 노략질을 일삼던 왜구의 본거지 대마도를 정벌하기 위해 상왕이었던 태종과 세종이 직접 두모포에 행차하여 출정하는 이종무 장군과 군사들을 격려했던 역사적 장소이기도 하다. 특히 성동구는 조선 3대 임금인 태종 이방원과 얽힌 인연이 많은 곳이다. 왕위를 물려주고 상왕으로 물러났던 이성계가 왕자의 난을 일으켜 왕위를 찬탈한 이방원에 대해 분노를 표출하며 화살을 날려 꽂힌 곳이라는 살곶이, 세종에게 왕위를 물려주고 상왕으로 물러난 태종이 유유자

적하며 행궁(行宮)으로 사용하던 낙천정[11], 풍양궁[12]으로의 행차가 잦아지자 만든 '살곶이 다리'[13] 등 지명마다 태종의 발자취가 어렸다. 성동구와 성동문화재단에서는 두모포와 살곶이라는 지역의 대표성과 역사성을 간직한 콘텐츠를 활용하여 매년 여름과 가을 각각 '두모포 뮤지컬 페스티벌(6월)', '태조 이성계 사냥행차 축제(10월)' 등을 개최하여 지역을 대표하는 역사 문화 축제로 만들어가고 있다.

과거 1970~80년대 급속한 경제개발 과정에서는 수도권으로 인구가 집중적으로 유입되면서 일자리를 찾아 지방에서 올라오는 젊은이들이 많았다.[14] 이러한 현상을 잘 보여준 TV 드라마가 1994년에 방영된 '서울의 달'이란 프로그램이다. 서울의 달동네

---

11 현재 서울시 광진구 자양동(현재 자양현대3차)일대에 있었던 태종의 별궁이자 조선 초기의 3대 이궁(행궁) 중 하나였다. 이름은 《주역》-〈계사(繫辭)〉에 나온 '낙천지명고불우(樂天知命故不憂)'에서 따왔다. '하늘(天)을 즐기고(樂) 명(命)을 알면(知) 근심(憂)이 없다(不)'는 뜻이다. 건립 당시 상왕 태종의 명을 받아 좌의정이었던 박은이 지었다. 나무위키 참고

12 태종의 이궁이자 행궁, 경기도 남양주 진접읍 내각리에 있었다. 남쪽에는 한강변에 있는 낙천정, 동쪽에는 풍양궁을 짓고 서쪽에는 무악에 궁을 지어 때에 따라 옮겨가면서 액운을 피하고자 했다. 이후 태종은 낙천정과 풍양궁을 오가며 거처했고, 무악 남쪽에 있었던 연희궁에서 머문 경우는 드물었다. 나무위키 참고

13 중랑천에 위치한 길이 76m, 너비 6m 다리로 조선시대 돌다리 중 현존하는 가장 긴 다리이다.

14 1970년에는 성동구 인구가 817,828명에 달했으며 광진구와 분리되기 전인 1990년에는 798,510명에 이르렀다. 2023년 9월 기준으로는 278,366명이다. 1966~1990:통계청 인구총조사, 1995~2023 : 행정안전부 주민등록인구통계 자료 참고

를 배경으로 시골에서 상경한 젊은이들의 삶을 배우 한석규, 최민식, 채시라 등이 열연하며 신분 상승과 사랑을 담아내어 40% 이상의 높은 시청률을 기록한 바 있는데 이 인기 드라마에 등장한 옥탑방 달동네가 바로 성동구 옥수동이었다.

이처럼 산업화 시절 '달동네'로 대표되던 성동구는 오랫동안 서울의 낙후된 주거지이자 빈곤의 상징으로 인식되었다. 드라마 서울의 달의 배경이 되었던 이곳은 봉제업, 구두 공장, 인쇄소, 중고자동차매매시장, 축산물시장 등 소규모 제조업과 유통업 중심으로 성장해 왔지만, 급격한 산업구조 변화 속에서 한동안 쇠퇴의 길을 걸었다.

그러나 30여 년이 지난 지금, 성동구는 성수동을 중심으로 완전히 다른 얼굴을 하고 있다. 2010년 무렵부터 저렴한 임대료에 매력을 느낀 청년 예술가들과 소셜벤처들이 하나둘 모여들기 시작했고 이후 쏘카, 크래프톤, SM엔터테인먼트, 큐브엔터테인먼트, 무신사, 루트임팩트 등 주요 기업들까지 이 지역에 둥지를 틀었다.

이제 성수동은 IT, 패션, 문화예술, 게임, 애니메이션, 콘텐츠 산업이 어우러진 창조적 융합의 공간이자 젊은 세대가 이끌어가는 다양성과 실험정신의 도시로 새롭게 떠오르고 있다.

2부

THE POWER
OF CULTURE
TO CREATE CREATIVE : SEONGSU

세상 어디에도 없는
글로벌 문화창조산업축제

크리에이티브×성수
(Creative×Seongsu)

문화도시 사업은 문화체육관광부가 「지역문화진흥법」 제6조 및 제15조 지역 간의 문화 격차 해소 및 지역별 특색 있는 고유문화의 발전과 지역 주민의 삶의 질 향상을 근거로 지난 2018년 12월 전국 10개 지자체를 예비 문화도시로 선정하면서 시작되었다.

이에 앞서 문화체육관광부는 2004년 광주 아시아문화중심도시 조성 사업을 시작으로 지역거점 문화도시 조성 사업[15]을 총 5개 지역을 대상으로 진행한 바 있으며 2014년부터 2019년까지 지역특화 콘텐츠 중심의 문화도시(36개)와 문화마을(45개) 사업을

---

15 문화체육관광부가 추진한 지역거점 문화도시 조성사업은 광주아시아문화중심도시(2004년 ~2023년), 부산영상문화도시(2004년~2011년), 전주전통문화도시(2007년~2026년), 경주역사문화도시(2006년~2035년), 공주부여백제역사문화도시(2009년~2030년) 등이다.

전개하였다. 또한 2018년부터 2019년까지 문화적 도시재생사업(20개)을 추진하여 문화를 통해 쇠퇴하는 지역 도시에 활력을 불어넣고자 노력하였다. 그러나 중앙정부의 예산에 치중하거나 지나친 관 주도적 하향식 추진체계와 하드웨어 중심의 기반 구축, 컨트롤 타워 부재, 지역 공동체와 괴리된 사업 전개 등으로 정책 성과를 거두는 데 한계가 노출되었다.

이 같은 경험을 바탕으로 2018년부터 추진된 '법정 문화도시' 사업은 기존의 관 주도 방식에서 벗어나 지역사회가 주체적으로 문화를 이끌어갈 수 있게 하려고 설계되었다. 시민 주도형 거버넌스를 구축하고 대규모 기반 시설 중심이 아닌 지역문화발전 종합계획 수립을 지원하며 단순 재정지원을 넘어 효과적인 추진체계와 컨설팅을 제공하는 등 정책 방향에 있어 일정한 혁신이 시도되었다. 총사업비 200억 원(국비 100억 원, 지방비 100억 원) 규모로 5개년 계획이 수립되었고 전국 30개 도시를 지정하는 야심찬 계획도 함께 발표되었다.

그러나 사업 도입 이후 수년이 흐른 현재까지 눈에 띄는 성과를 내지 못하고 있는 것이 현실이다. 결과적으로 제도적 설계의 이상과 현실 속 정책 집행 간 괴리는 매우 깊었다. 성동구 역시 이러한 부정적 정책 환경을 인식하고 있었기에 문화도시 지정 사업을 전제로 '스마트문화도시'를 추진하는 것은 시대착오적이고 비효율적인 선택이라 판단할 수밖에 없었다. 이러한 이유로 성동문화재단 내부에서 법정 문화도시 사업에 도전해 보자는 제안이 나왔을 때도 그 가능성을 쉽게 받아들이기 어려웠다.

그러나 이러한 배경에도 불구하고 성동구는 멈추지 않았다. 지역 주민, 문화 활동가, 콘텐츠 기업, 문화재단 실무자들이 힘을 합쳐 밤을 새워가며 준비한 끝에 성동구는 예비 문화도시로 지정되었지만 정권 교체와 함께 정부 정책 기조가 바뀌면서 사업은 허망하게 중단되고 말았다.

하지만 이 좌절의 경험 속에서 정부의 예산 지원보다 훨씬 더 소중한 성과가 남았다. 바로 지역의 핵심 주체들-주민, 예술가, 창작자, 기업인, 공공기관 실무자-사이의 신뢰 기반 위에 자발적 커뮤니티가 형성되었고 문화도시 사업의 핵심 콘텐츠였던 '크리에이티브×성수(Creative×Seongsu)'가 이 과정에서 잉태되었다.

이제부터는 세상 어디에도 없는 글로벌 문화창조산업 축제를 지향하는 '크리에이티브×성수'가 어떻게 태동하고 성장해 왔는지 이야기해 보고자 한다.

'스마트문화도시' 사업을 기획하고 준비하는 과정에서 우리는 지역의 정체성을 상징하고 대표할 수 있는 핵심 사업을 구상하는 데 몰두하였다. 가장 손쉬운 접근은 지역축제였다. 성동구에는 소위 문화자원이라 불릴 수 있는 유형·무형의 문화유산이 거의 없었고 독특한 관광상품이나 차별화된 자연유산도 마땅치 않았다. 이런 상황에서 뚜렷한 콘셉트 없이 억지로 축제나 페어를 기획한다면 주민들의 비판에 직면하는 것은 물론이고 기관장 교체나 예산 삭감 등의 변수가 생길 때 언제든 흔적 없이 사라질 수밖에 없다. 이것이 한국의 많은 지역축제들이 겪었던 실패의 공식이기도 하다. 그렇다고 문화도시 사업에서 축제나 대표 콘텐츠 없이 추진하는 것은 '앙꼬 없는 찐빵'이 되는 것 같았다.

하루에도 수십 번씩 '발상의 전환'이라는 단어를 곱씹던 중 문득 '크리에이티브(creative)'라는 단어가 떠올랐다. 그래, 새로운 것을 창조하려면 무엇보다도 틀을 바꾸는 변화가 필요하지 않은가. 문화유산이나 특산물, 특정 예술 장르에 매달리는 기존의 축제 틀에 갇혀 있다면 결국은 제자리걸음이거나 퇴보할 수밖에 없다는 생각이 들었다.

그래서 주제를 먼저 정하기보다 지금 우리가 처한 지역 환경과 자원을 면밀히 분석하고 그에 맞는 형식과 구조를 새롭게 설계하는 방식으로 접근했다. 이 도시에서만 가능한 '지금-여기'의 문화적 해답을 찾는 작업은 그렇게 시작되었다.

일반적으로 우리나라에서 개최되는 각종 축제는 국가나 지방자치단체, 공공기관 등 '기관'이 주최를 해 예산과 공간, 인프라를 주관하고 지역 주민은 참여자로서 역할을 수행하는 방식이 주를 이룬다. 당연히 기관이 주도권을 가지는 만큼 그에 따른 책임도 고스란히 기관에 집중된다.

반면 긴 역사와 전통을 지닌 해외의 유명 축제들은 그 구조가 사뭇 다르다. 대개 지역 주민과 커뮤니티가 주체가 되어 축제를 기획하고 운영하며 기관은 교통과 안전, 보건위생, 숙박, 자원봉사자 모집 등 기반 행정을 뒷받침하는 보조적 역할에 머무른다. 권한과 책임이 지역 내부와 행정기관 간에 적절히 분산된 셈이다.

이처럼 해외의 축제 모델은 자율성과 지속가능성 측면에서 많은 시사점을 제공한다. 국내에서도 이러한 구조를 도입하려는 시도가 수차례 있었지만 현실은 그리 녹록지 않았다. 단단한 지역 커뮤니티를 형성하는 데 오랜 시간이 필요할 뿐 아니라 예산과 인프라 운영에 따른 의사결정 구조의 재편, 책임소재의 불분명성, 리스크 관리 체계 부재 등의 문제로 인해 번번이 좌절되기 일쑤였다.

이 같은 문제의식과 해법을 고민한 끝에 도달한 결론은 바로 '기업'이었다. 행위 주체를 기존의 기관과 지역 주민에 한정하지 않고 여기에 기업을 더해 삼자 협력 구조로 확장한다면—특히 기업이 보유한 전문성과 창의성, 네트워크를 적극 활용할 수 있다면—기존의 틀을 넘어선 새로운 형태의 축제 모델이 탄생할 수도 있겠다는 판단이었다.

물론 단순히 지역에 소재하고 있다는 이유만으로 기업을 후원이나 협찬의 수단으로 끌어들이거나 일부 대표 기업만 참여시키는 방식은 지양해야 했다. 자발성과 주체성이 결여된 참여는 쉽게 무너질 수밖에 없기 때문이다. 기업이 진정한 '주체'로서 기획과 실행 과정에 참여하지 않는다면 아무리 멋진 아이디어도 결국은 사상누각에 불과하다.

다행히 성수동은 이러한 실험이 가능한 환경을 갖추고 있었다. 약 68개의 지식산업센터를 중심으로 수천 개의 스타트업과 소셜벤처가 입주해 있었고 SM엔터테인먼트, 무신사, 큐브엔터테인먼트, 원밀리언(1M), 키다리스튜디오, 유니크굿컴퍼니 등 국내를 대표하는 문화콘텐츠 기업들이 이미 이곳을 거점으로 삼고 있었다. 여기에 크래프톤, 젠틀몬스터 등 굵직한 기업들도 성수동으로 본사 사옥을 이전하며 이 지역에 합류하고 있었다.

문제는 이제부터였다. 이렇게 다양한 기업들을 어떻게 설득할 것인가? 그리고 이들을 하나의 서사와 주제로 어떻게 엮어낼 것인가? '크리에이티브×성수'라는 실험이 성공할 수 있을지는 바로 그 숙제에 달려 있었다.

천 리 길도 한 걸음부터라고 하지 않던가. 결국 직접 부딪혀

보기로 했다. 언제나처럼 우선은 실체를 파악하고 현상을 분석하는 데 집중했다.

먼저 성수동을 중심으로 한 관내 기업들의 현황을 면밀히 살폈다. 특히 문화콘텐츠와 문화기술(Culture-Tech) 분야에 종사하는 1,500여 개 기업을 업태 중심으로 분류한 뒤 이 중 스마트문화도시 비전과 결을 같이하며 성장 잠재력을 지닌 700여 개 기업을 선별하였다.

그 후에는 정공법이었다. 기업 한곳 한곳 전화를 걸고 사무실을 찾아가 문을 두드리며 접촉을 시도했다. 데이터 위에 사람의 관계를 더하고 이론 위에 신뢰를 쌓아 올리는 과정이었다.

직원들과 함께 발품을 팔며 기업을 일일이 찾아가는 일은 결코 쉽지 않았다. 그러나 진정성을 갖고 정성을 다하면 반드시 그에 상응하는 보답이 돌아온다는 과거의 경험이 이번에도 다소 무모할 수 있는 도전을 가능하게 했다.

결과는 놀라웠다. 200여 개 기업이 직·간접적으로 참여 의사를 밝혔고 지역사회에 도움이 된다면 어떤 사업이든 기꺼이 협력하겠다는 반응을 보인 기업도 적지 않았다. 특히 인상적이었던 것은 일반적으로 지자체나 공공기관이 사업을 추진할 때 지역 주민이나 관변단체와의 협력은 흔하지만 지역경제의 중추인 개별 기업들과 직접 만나 설득과 공감의 과정을 거쳐 협력체계를 구축한 사례는 매우 이례적이라는 점이었다.

우리는 이 같은 기업들의 긍정적인 반응을 바탕으로 시간이 조금 더 걸리더라도 '역지사지(易地思之)'의 자세로 발상을 전환하고 공감대를 확장해 나가기로 했다. 그 첫걸음으로 세 차례에 걸쳐 '성동문화포럼'을 개최하였다. 포럼에서는 문화예술과 문화기술이 융합해 만들어낼 새로운 생태계를 조망하고 지역자원을 활용한 도시 브랜딩 사례를 통해 성동구 스마트문화도시의 방향성을 함께 모색했다.

특히 '세상을 변화시키는 창조기업들과 함께 꿈꾸는 도시의 미래'라는 주제로 열린 포럼에서는 민간이 주도하고 공공이 뒷받침하는 예술과 기술 기반 리빙랩의 중요성이 강조되었으며 지역에서 민간이 안정적으로 성장하기 위해선 단단한 기반과 지속가능한 공공 지원이 필요하다는 목소리가 이어졌다.

아울러 차별화된 도시 브랜딩 전략과 함께 문화접근성을 획기적으로 높이기 위한 구체적인 제안들도 도출되었다. 예컨대 편의점처럼 가까이서 쉽게 문화를 누릴 수 있는 일상 속 문화 공간의 필요성이 제기되었는데 이를 통해 시민의 문화 향유 기회를 대폭 확대할 수 있다는 공감대가 형성되었다.

여기에 더해 네 차례에 걸쳐 '서라운드 성동(Surround Seongdong)'을 진행하였다. 이 프로그램은 앞서 직·간접적으로 참여 의사를 밝힌 200여 개 기업을 문화예술, 음악, 콘텐츠, 엔터테크, 사회혁신, 문화접근성 등 여섯 개 분야로 분류한 뒤 분야별 대표 기업 다섯 곳씩을 선정하여 기업설명회를 겸한 자유토론의 장을 마련한 것이었다. 이를 통해 우리는 문화기술을 기반으로 문화접근성을 높이고 창의적인 콘텐츠를 지속적으로 발굴·성장시켜 나갈 수 있는 기반을 함께 고민하고 설계해 나갔다.

무엇보다도 이러한 과정을 거치며 지역에 뿌리내리고 있는 창조기업들과 주민 간에 자생적 협력과 공감의 토대가 형성되기 시작했고 그 가운데 성수동 고유의 정체성과 문화 역동성을 반영한 글로벌 박람회형 축제—'크리에이티브×성수(Creative×Seongsu)'—의 모티브가 서서히 모습을 드러내기 시작했다는 것이다.

특히 제3차 성동문화포럼에 패널로 참여한 루트임팩트 대표는 결정적인 제안을 던졌다. "성수동은 창업가, 패션 전문가, 문화 예술가들이 몰리며 창조적 정신이 발현되는 도시로 변화하고 있다. 이 흐름을 확장해 SXSW(South by Southwest)와 같은 페스티벌로 진화시켜 보자."

2012년 성수동에 공유오피스 플랫폼 '헤이그라운드'를 설립한 그는 사회혁신기업을 지원하고 사회·환경적 가치를 고민하는 체인지 메이커들을 위한 임팩트 생태계를 조성해 온 주역이었다.

그의 발언에 현장에 있던 많은 이들이 즉각 반응했고 공감의 분위기가 빠르게 퍼져나갔다.

이러한 반응은 결코 우연이 아니었다. 지속가능한 미래형 문화도시를 추진해 나가기 위해서는 도시가 가진 정체성과 특성을 반영한 대표 행사에 대한 갈망이 그만큼 깊었다는 방증이었다. 다만 전국적으로 수백 개에 달하는 축제, 영화제, 비엔날레 등이 이미 포화 상태인 상황에서 어떤 차별성과 경쟁력을 확보할 수 있을 것인가? 또 단발성이 아닌 지속성과 확장 가능성을 어떻게 담보할 수 있을 것인가? 이 두 가지 질문이 발목을 잡고 있었다.

게다가 성수동은 세계적으로 주목받는 '핫 플레이스'로 부상하고 있음에도 불구하고 이 지역을 대표할 만한 주목도 있는 축제나 행사가 부재하다는 점은 지역 차원에서도 숙원 과제로 남아 있었다.

미국 텍사스 오스틴에서 매년 3월 개최되는 '사우스 바이 사우스 웨스트(South by Southwest, 이하 SXSW)[16]'는 창의성과 다양성 그리고 지역기반 축제의 글로벌 가능성을 보여주는 대표적인 사례다.

16　SXSW홈페이지 참조(https://www.sxsw.com/about/history/)

SXSW는 1986년 오스틴에 거주하던 소수의 음악 관계자가 모여 엔터테인먼트와 미디어의 미래를 주제로 지역 토론회를 열면서 그 첫발을 내디뎠다. 당시 이들이 고민했던 문제는 이렇다. "애플의 매킨토시 컴퓨터가 수천만 대 팔리고 음악 CD가 수억 장 제작돼 전 세계로 유통되고 있지만 정작 오스틴의 유능한 창작자들과 재능 있는 아티스트들은 외부에 제대로 알려지지 못하고 있다."

그들은 기존 방식에서 벗어나 발상을 전환했다. '우리의 재능을 외부에 알리는 데 한계를 느낀다면 차라리 외부 사람들을 이곳 오스틴으로 불러오자' 이 단순하지만 혁신적인 아이디어에서 SXSW는 출발했다. 초기 기획자들은 새로운 것을 받아들이는 접근 방식 즉 창의적 다양성과 포용성을 핵심 가치로 삼았다. 물론 당시 가톨릭 중심의 보수적 지역 정서에 반발이 있을 수 있다는 우려도 있었지만 SXSW는 시작부터 자유롭고 경계 없는 가치 지향을 분명히 했다.

놀라운 사실은 같은 해 10월 공식 발표 이후 예상과 달리 지역 주민들이 자발적으로 참여를 희망하며 힘을 보탰다는 점이다. 1987년 3월 첫 SXSW 행사에는 등록자 150명으로 출발했지만 개막식에는 700여 명이 참석했고 이후 해마다 방문객 수는 오스틴의 매력과 함께 꾸준히 증가해 갔다.

1994년에는 음악에 이어 영화와 디지털 커뮤니티(인터랙티브)가 프로그램에 추가되었고 2011년에는 약 1억 6,700만 달러(한화 약 2,198억 원)의 경제 효과를 기록했다. 2018년에는 전 세계 102개국에서 약 43만 명이 오스틴을 찾았고 2023년에는 IT 기술 컨퍼런스, 음악 및 코미디 쇼케이스, 영화·TV 상영회, 마켓플레이스, 각종 전시와 네트워킹, ICT 경연대회까지 개최되며 세계 각국의 유망 창작자와 젊은 기업가들을 불러 모았다. 매년 평균 50여 개국에서 2만여 명의 음악 관계자와 2천여 팀의 뮤지션이 참여하는 SXSW는 '세계인을 오스틴으로 불러들이자'라는 초기 기획자들의 꿈이 현실이 되어 전 세계의 젊은 창작자와 혁신가의 순례지가 되었다.

성동문화포럼과 서라운드 성동 프로그램을 마친 직후 본격적인 실행을 위한 기획위원회를 구성하였다. 위원회는 국내외 수많은 축제, 공연, 박람회 등을 경험한 기획 전문가를 중심으로 문화예술 컨설팅과 도시재생 분야에 깊이 있는 실무 경험을 가진 문화기획자, 지역기반의 공간 운영자, 콘텐츠 플랫폼 기획자, 소셜벤처 지원기관 대표 등 총 7인으로 구성하였다.

총 16차례에 걸친 집중 기획회의에서는 축제의 핵심 주제, 기업 및 시민과의 연계 방식, 공간 활용 방안, 지속가능성 확보 전략, 운영 거버넌스 구축 등 다양한 쟁점에 대해 심도 깊은 논의가 이어졌다. 이를 통해 '크리에이티브×성수'라는 축제의 비전과 실행계획이 점차 구체적인 형태를 갖추기 시작했다.

이러한 기획 과정에서 분야별 워킹그룹도 별도로 구성하였다. 민간 전문가를 비롯해 지역 주민, 문화예술가, 기업인, 소상공인까지 참여 범위를 넓혀 공감대를 확산시키고 다양한 아이디어를 수렴하는 협력 기반을 마련하고자 한 것이다. 2023년 3월에는 SXSW 벤치마킹을 위해 축제현장 방문을 진행하였다. 단순한 모방이 아닌 통찰력 있는 분석과 의미 있는 시사점을 도출하고자 했기 때문이다.

그 결과 실무진이 꼽은 주요 인사이트는 다음과 같았다.

첫째 SXSW에는 컨트롤타워가 '있는 듯 없고, 없는 듯 있는' 운영 방식이 존재한다는 점이다. 소방, 안전, 치안, 의료, 교통 등 공공의 영역은 오스틴 시 당국이 전담하되 컨퍼런스, 음악, 영화·드라마, IT 및 인터랙티브 등 각 필드는 독립적인 사업 주체들이 총괄하면서 전체 운영은 유기적으로 결합해 있었다. 관 주도의 일원적 구조가 아닌 자율성과 협업이 살아 있는 네트워크형 운영 모델이었다.

둘째 겉보기에는 사업 영역이 명확히 구분된 듯하지만 내부로 들어가 보면 장르 간 경계를 허물고 기술과 예술, 아이디어가 자유롭게 융합된다는 것이다. 기술 발전과 집단지성의 창의성을 열린 마인드로 수용한 덕분에 SXSW는 끊임없이 새로운 장르와 콘텐츠를 실험하고 포용하는 '융복합 실험의 장'이 되고 있었다.

셋째 경제적 자립 기반이 단단하다는 점이다. 입장권과 프로그램 티켓 판매, 전시 부스 운영, 광고·후원 수익, 굿즈 판매 등 휘장 사업을 통해 다양한 수익 모델이 정교하게 구성되어 있어 축제의 지속가능성을 스스로 확보하고 있었다.

마지막으로 전 세계 유명 인사들이 초청비가 없어도 SXSW의 무대에 서기를 자처하는 모습을 통해 이 축제가 지닌 고유한 브랜드 정체성과 글로벌 네트워크의 힘을 체감할 수 있었다. SXSW의 가치는 단순한 콘텐츠뿐 아니라 무대에 서는 것 자체가 '자부심'이 되고 있었다. 이처럼 SXSW의 성공 요인들은 단순히 모방할 수 있는 형식이 아니라 도시와 커뮤니티가 공유하는 가치와 태도 그리고 시스템에 있었다. 우리는 이 시사점들을 고스란히 '크리에이티브×성수'에 접목하기로 했다.

그러나 성수만의 방식과 속도, 언어로 '성수스럽게' 만들고 싶었다.

우리는 또 다른 모델에 주목했다. 미국 라스베이거스에서는 매년 1월 세계 최대 규모의 가전제품 박람회인 CES(Consumer Electronics Show)가 열린다. 전미소비자기술협회(CTA)가 주관하는 이 행사는 1967년 뉴욕에서 처음 개최된 이후 1995년부터는 라스베이거스를 주 무대로 매해 1월 열리고 있다.[17]

초창기에는 TV, 오디오, 가전제품 위주의 전시회였지만 현재는 인공지능, 자율주행, 5G, 블록체인, XR(확장현실), 로봇공학, 디지털 헬스케어, 스마트시티, 지속가능 기술 등으로 확장되며 기술 산업의 미래를 조망하는 종합 플랫폼으로 진화했다. 2024년에는 전 세계 4,124개 기업이 참가했으며 한국 기업도 897개가 참여해 미국과 중국에 이어 세 번째로 큰 규모를 기록했다.

CES는 단순한 산업 전시회 그 이상이다. 라스베이거스라는 특정 도시가 기술과 창의, 혁신이 교차하는 국제적 만남의 장으로 자리 잡게 된 데는 CES의 지속성과 파급력이 결정적이었다. 이는 SXSW가 지역의 문화 생태계를 기반으로 글로벌 창작자와 기업을 끌어들였듯 CES는 기술을 매개로 산업 네트워크와 경제적 기회를 지역에 연결해 주는 플랫폼으로 발전해 왔다.

CES로부터 지역축제가 얻을 수 있는 인사이트는 분명하다.

첫째 단순한 '축제'가 아닌 산업·기술 플랫폼화를 통해 지역의 정체성과 경쟁력을 끌어올릴 수 있다는 점이다.

---

17   SXSW홈페이지 참조(https://www.sxsw.com/about/history/)

둘째 참여 주체의 다양화와 네트워크 중심 운영이다. CES 역시 정부 중심이 아니라 수많은 민간 기업, 스타트업, 연구기관, 콘텐츠 기획자들이 주도하고 있으며 이는 SXSW의 네트워크형 구조와도 궤를 같이한다.

셋째 도시 자체가 브랜드가 되는 구조다. CES는 라스베이거스를 단순한 관광지가 아닌 '미래 기술과 혁신의 도시'로 브랜딩하는 데 기여했으며 이는 성수동이 '문화와 기술이 만나는 창의 도시'로 성장해 갈 수 있다는 점에서 중요한 비교 사례가 된다.

이처럼 CES는 SXSW와는 다른 결을 가지면서도 기술 기반 박람회형 축제의 지속가능성과 도시의 정체성 강화 전략이라는 측면에서 '크리에이티브×성수'가 지향할 수 있는 또 하나의 중요한 참고 모델이 되었다.

이상 살펴본 바와 같이 세 차례의 성동문화포럼과 네 차례의 서라운드 성동, 열여섯 번에 걸친 기획회의와 다양한 워킹그룹 논의 그리고 SXSW와 CES 사례에 대한 심층적인 벤치마킹을 거친 끝에 마침내 '크리에이티브×성수(Creative×Seongsu)'의 윤곽이 확정되었다.

이 축제는 단순한 일회성 행사가 아니다. 지역에 기반을 둔 창조기업들을 중심으로 성동구청과 성동문화재단, 지역 주민, 문화예술 활동가들이 주체적으로 참여하고 서로 유기적으로 연결되는 박람회형 창의도시 축제로 기획되었다. 산업과 문화, 기술과 일상이 교차하는 성수동의 도시적 특성과 가능성을 고스란히 담아내기 위한 복합형 플랫폼이자 새로운 도시문화 전략의 실험장이 될 준비를 마친 것이다.

어떤 사업이든 그 형식과 내용을 어떻게 규정하느냐는 기획의 출발점이자 핵심이다. 그러나 동시에 가장 어렵고 민감한 결정이기도 하다. 초기 7인으로 구성된 크리에이티브×성수 기획위원회 역시 이 문제를 두고 깊은 고민을 거듭했다.

크리에이티브×성수의 성격을 '박람회(Expo)'로 볼 것인가, '축제(Festival)'로 정의할 것인가, 혹은 두 형식을 융합한 새로운 형태로 정립할 것인가에 대해 수많은 논의와 이견이 오갔다.

결론적으로 우리는 '박람회형 축제', 즉 혼합형 행사 포맷을 채택하기로 했다. 실제로 '페스티벌', '엑스포', '페어', '페스타', '비엔날레', '갈라' 등 다양한 명칭이 혼용되며, 각각의 의미와 목적, 형식이 불분명하게 흘러가는 경우가 많다. 크리에이티브×성수는 단순한 명칭보다 지속가능한 구조와 참여 방식의 설계가 핵심이라는 점에 주목하였다.

특히 관객 입장 방식(유료 vs 무료), 전시장 입점 기업과 예술가들의 상품 판매 문제, 기업 참여의 경제적 인센티브, 자립 기반을 갖춘 운영 구조 등은 모두 긴밀하게 얽혀 있는 논쟁이었다.

자립적 경제구조 없이 지자체 예산에 의존하는 행사 모델은 단명하기 쉽다는 현실을 우리는 그간 수많은 지역축제의 실패 사례를 통해 뼈아프게 목격해 왔다.

무엇보다 단체장이 바뀌거나 정책 기조가 변하면서 예산이 삭감되어 행사가 중단되는 사태를 예방하기 위해서는 기획 초기 단계부터 '철학과 구조', '운영 모델'과 '참여 주체'를 함께 설계해야 했다. 즉 크리에이티브×성수는 단지 '행사'를 만드는 것이 아니라 '지속가능한 도시 플랫폼'을 구축하는 일이기도 했다.

그리고 이 모든 논의 위에 가장 중요한 원칙이 자리하고 있었다. 아무리 외형이 바뀌고 형식이 조정되더라도 축제가 지닌 철학과 정신, 지향 가치만큼은 결코 훼손되어서는 안 된다는 것. 이것이 바로 크리에이티브×성수가 문화, 기술, 경제, 공동체가 어우러지는 도시 실험으로 자리 잡기 위한 근본 조건이자 출발점이었다.

따라서 깊이 고민해야 할 문제는 '어떤 정신과 가치를 지향할 것인가'였다. 단순한 이벤트가 아니라 축제를 통해 지역의 정체성을 어떻게 드러내고 도시의 미래 비전을 어떻게 담아낼 것인가가 핵심이었다.

고민 끝에 기획위원회는 성수동의 고유한 특성을 반영한 '역동적 포용성과 문화다양성이 공존하는 도시'를 크리에이티브×

성수가 지향해야 할 핵심 가치로 정립하였다.

수많은 젊은이가 자신의 꿈과 미래, 세계를 향해 도전하는 공간, 전 세계인의 주목을 받으며 다양한 문화와 사람들이 모여드는 글로벌 핫 플레이스, 수많은 스타트업과 소셜벤처, 문화콘텐츠 기업들이 공존하며 성장하는 글로벌 콘텐츠 허브 도시, 이러한 도시의 정체성을 축제를 통해 체화하고 확산시키는 것이 곧 크리에이티브x성수의 지향점이 되었다.

구현 방법으로 문화기술(CT: Culture Technology)을 통해 누구나 문화를 만들고 누릴 수 있으며, 창작의 장벽이 없는 도시, 참여와 연결, 실험이 일상적으로 일어나는 도시를 구현하고자 하였다. 이러한 비전을 응축한 슬로건이 바로 "성수에서 엮이고, 들끓고, 넘치다"였다.

또한 일회성 이벤트가 아닌 매년 주제를 축적해 나가는 지속형 플랫폼으로 운영하기 위해 축제의 철학을 구체화한 연도별 키워드 설정도 함께 추진되었다. 2023년 7인 기획위원회에서 출발한 이 체계는 2024년 11인, 2025년 34인으로 확대되며 집단지성의 힘으로 발전해 나갔다. 크리에이티브x성수는 단순한 행사 기획을 넘어 해마다 축제가 품어야 할 철학과 도시가 지향해야 할 미래 정체성을 구현하는 축제로 진화하고 있다.

크리에이티브×성수(Creative×Seongsu) 개요

구 분	주요 내용
명 칭	· 세상 어디에도 없는 글로벌 문화창조산업축제 　크리에이티브×성수(Creative×Seongsu)
비 전	· 문화기술(CT)을 통해 누구나 문화를 만들고 누리는데 장벽이 없는 도시 · 성수 문화창조산업의 발전과 글로벌화
지향점	· 역동적 포용성과 문화다양성이 공존하는 글로벌 문화콘텐츠 허브도시
슬로건	· 성수에서 엮이고 들끓고 넘치다
연도별 주 제	· 2023 크리에이티브×성수 : 창조적 공존의 도시(Creative Synchronicity) · 2024 크리에이티브×성수 : 창조적 경계의 도시(Creative Liminality) · 2025 크리에이티브×성수 : 창조적 시대정신(Creative Zeitgeist)

　다음 단계는 세부 사업의 선정과 성공적인 실행 전략 수립이었다. 그러나 이 단계부터는 마치 고차방정식을 푸는 듯한 말 그대로 살얼음을 걷는 심정이었다.

　무엇보다 큰 고민은 이 축제의 성패를 좌우할 차별화되고 지속가능하며 성장 가능성까지 갖춘 핵심 사업들을 어떻게 발굴할 것인가였다. 여기에 더해 성수동이라는 지역의 정체성을 반영하고, 주민과의 공감대를 형성하며, 문화기술과 창조성을 포용할 수 있는 토대를 만들어야 했다. 그러나 물리적·환경적 여건을 최대한 활용하면서 기업, 예술가, 활동가, 시민 등 누구나 문화를 만들고 누릴 수 있는 열린 도시 플랫폼을 구현하는 일은 결코 쉽지 않았다. 게다가 현실적인 과제들도 산더미처럼 쌓여 있었다. 사업 주체 간의 이해관계 조정, 예산 배분의 형평성 확보,

행사 공간의 효과적 배치, 유료, 무료 프로그램 구분과 관련된 법률 검토, 장소 사용에 대한 사전 협의와 홍보 전략까지 모든 사안이 서로 연결되어 있어 한 문제를 풀면 곧이어 또 다른 문제들이 꼬리를 물고 등장했다.

수많은 의견을 청취하고 예상치 못한 변수들을 고려하며 실무적으로 빈틈없는 설계를 추진해야 했다. 하지만 복잡한 이해관계를 풀어내기란 생각처럼 쉽지 않았다. '무식하면 용감하다'라는 말처럼 무(無)에서 유(有)를 창출하겠다는 열정 하나로 내달렸지만 돌이켜보면 그 복잡한 문제들을 어떻게 돌파해 왔는지 아찔할 때가 한두 번이 아니었다.

그럼에도 불구하고 결국 그 모든 난관을 뚫고 나올 수 있었던 원동력은 다름 아닌 집단지성의 힘이었다. 매월 2회씩 총 16차례 열린 회의에 60여 명의 전문가와 실무자들이 참여하여 사업을 발굴하고 문제 해결을 위한 창의적인 아이디어를 공유하며 머리를 맞댔다. 크리에이티브×성수의 핵심 골격을 구성하는 3개의 융합사업과 10개의 분야별 사업은 이런 지난한 과정을 거쳐 도출되었다.

먼저 성수동의 지역 특성과 창조기업 생태계를 반영하여 확정된 3개의 융합사업은 다음과 같다.

크리에이티브×성수 융합사업 3개 분야

- **문화기술페어(CT Fair)**   성수동에 터를 잡은 다양한 창조기업이 첨단 융합기술을 선보이는 전시 공연 축제
- **체인지 메이커 컨퍼런스**   사회혁신을 주도하는 소셜벤처 기업이 주도하는 창의적 토론과 네트워킹 행사
- **플레이 성수(Play Seongsu)** 스마트폰을 활용해 성수동 전역을 게임형 테마파크로 확장하는 참여형 문화 콘텐츠

여기에 더해 지역 예술가와 활동가, 대학, 갤러리, 콘텐츠 기업, 음식점, 상가 등이 협력하여 다음의 10개 분야별 사업도 함께 추진되었다.

크리에이티브×성수 협력사업 10개 분야

- 미술(Arts)
- 음악(Music)
- 웹툰(Webtoon)
- 영화(Film)
- 공예(Crafts)
- 패션(Fashion)
- 뷰티(Beauty)
- 투자(Investment)
- 여행(Local)
- 음식(F&B)

이러한 구조 아래 파일럿 사업을 거쳐 2024 크리에이티브×성수는 본격적으로 가동되었다. 성수동 139개 공간에서 총 12개 분야, 85개 프로그램이 펼쳐졌고 365개에 달하는 창조기업과 유관기관, 상가들이 참여하였다. 행사에는 약 1,300명의 예술가, 패널, 문화 활동가, 자원봉사자가 함께했으며 총 15만 7천여 명

의 시민과 외국인 관광객이 성수동을 찾는 눈에 띄는 성과를 달성하였다.

이런 가운데 지역 주민과의 접점을 확대하고 다양한 협력 주체들과 유기적인 협조 체계를 구축해 나가는 일이 매우 중요하였다. 크리에이티브×성수가 지향하는 지속가능한 도시문화 플랫폼이 되기 위해서는 행정관청의 주도나 탑다운 방식의 기획을 넘어 현장의 주체들과의 공감대 형성을 통한 상호협력이 뒷받침되어야 했기 때문이다.

성동구는 주민 협치와 거버넌스 분야에서 서울시 내에서도 가장 앞서 있는 도시 중 하나다. 2023년 기준으로 도시·경제, 문화·교육, 지식·정보, 아동·청년 등 83개 분야에서 1,080여 명의 주민이 직접 참여하고 있으며 17개 주민자치회가 활발히 운영되고 있었다.

이에 따라 그동안 성동문화포럼, 서라운드 성동, 기획회의, 워킹그룹 회의 등을 통해 도출된 크리에이티브×성수의 주요 내용을 지역사회와 공유하는 주민 사업 공유회를 개최하였다. 단순한 설명회가 아니라 주민들의 의견을 수렴하고 실질적 공감대를 형성해 나가기 위한 의미 있는 자리였다.

아울러 사업의 실행력을 높이고 도시 전반의 협력 기반을 마련하기 위해 관내·외 공공기관과 유관기관, 문화예술 관련 전문

기관들과의 협력체계도 체계적으로 정비해 나갔다.

소방, 의료, 안전, 교통 등 긴급 대응 체계 구축을 위해 성동소방서, 성동경찰서, 성동구보건소와 협력망을 구축하였고 지역 인프라의 관리·운영을 담당하는 성동구도시관리공단, 성동미래일자리(주), 성동50플러스센터, 도시재생지원센터, 지역사회복지관 등과도 실무적 협조 체계를 마련하였다.

교육, 연구개발, 행사 운영, 자원봉사자 시스템 구축 등을 위해 한양대학교, 한양여자대학교, 성동광진교육지원청 등과 업무협약을 체결하였으며 문화예술 관련 전문 공공기관들과의 파트너십도 적극 확대해 나갔다.

한국콘텐츠진흥원, 한국예술종합학교, 한국예술인복지재단, 한국공예디자인문화진흥원, 한국저작권보호원, 한국문화예술위원회 등 국내 주요 기관들과의 협약은 물론, 주한 중국·이탈리아·헝가리·체코·독일·스페인·프랑스·일본 등 8개국 해외문화원 및 대사관과도 업무협약을 체결하며 다양한 국제교류협력 사업의 가능성을 열어두었다.

이러한 노력은 크리에이티브X성수가 단지 지역축제에 머물지 않고 지역의 창조 생태계와 국제문화 교류의 허브로 성장해 나갈 수 있는 기반을 닦는 중요한 밑거름이 되었다.

성동문화재단과 유관·공공기관 교류협력체계 구축 현황

구분	기관명		주요 기능
유관기관	성동미래일자리주식회사		어르신들의 취·창업 교육 및 연계 서비스
	성동50플러스센터		50+세대의 일자리·여가·사회공헌 서비스
	도시재생센터		성수, 마장, 사근, 송정, 용답 지역 기반 사업
	성동지역자활센터		저소득 주민의 정서·사회·경제적 자활센터
	옥수종합사회복지관		옥수동 기반 복지공동체 사업 운영
	성동종합사회복지관		종합 복지서비스 제공
	성동장애인종합복지관		장애인 종합 복지서비스 제공
	성동마을넷동네		마을 공동체 및 주민자치 공동체
공공기관	성동광진교육청		인재양성 및 문화예술 교류협력 활성화
	주한 중국문화원		상호 문화예술 교류협력 활성화
	주한 이탈리아문화원		
	주한 리스트헝가리문화원		
	주한 체코문화원		
	주한 독일 괴테인스티투트문화원		
	주한 스페인 세르반테스문화원		
	주한 인도문화원		
	주한 프랑스대사관		
	주한 일본대사관		
	한국콘텐츠진흥원		대한민국 콘텐츠 산업 육성 및 교류협력 활성화
	한국예술인복지재단		예술인 권리와 복지 지원 및 교류협력 활성화
	한국공예디자인문화진흥원		대한민국 공예·디자인 문화진흥 및 교류협력 활성화
	한국저작권보호원		문화예술분야 창작자 권리보호 및 교류협력 활성화
대학	한양대학교	음악대학	인재양성 및 교류협력 활성화
		미래인재교육원	한양대 부설 평생교육기관으로 학점은행제 운영
		LINC3.0사업단	4차산업혁명 시대 인재와 산업 창출
		연극영화과	관련 분야의 인재양성
		동아시아 문화연구소	
	한양여자대학교	미술대학	
		웹툰학과	
		산학협력단	
	한양사이버대학교		지역문화예술 발전을 위한 협력사업 공동기획추진
	경희대학교	음악대학	성동구 문화예술 발전을 위한 업무협력
	한국예술종합학교(연극원)		예술인 인재양성

해외	중국 쓰촨성 청두 제20중학교	상호 문화예술 교류협력
	중국 쓰촨성 어윈/ 링시오케스트라	
	중국 쓰촨성 민가예술촉진회	
기업 / 협회	(주)이씨오	성동구 문화예술 발전을 위한 업무협력
	(주)원밀리언	
	(주)유니크굿컴퍼니	
	(주)아츠클라우드	
	(주)키다리스튜디오	
	(주)모모네트웍스	
	(주)하나투어/하나투어ITC	
	서울웹툰아카데미	
	EBS미디어주식회사	
	(사)대한가수협회	
	(사)한국음악실연자연합회	
	시청자미디어재단	
	(사)고고패션모델콘테스트 위드이상봉	
	(사)한문화진흥협회	

이와 같은 폭넓은 의견 수렴과 수많은 검토 회의, 촘촘한 업무협약과 협조체계를 구축한 후에 비로소 분야별 사업의 추진 주체와 협력 파트너 선정에 돌입했다. 그 결과 총 13개 분야 사업 주체들이 선정되고 이들을 중심으로 세부 기획부터 실행까지 책임을 맡게 되었다.

이처럼 크리에이티브×성수는 기존의 지역축제와는 본질적으로 다른 패러다임을 지향한다.

크리에이티브×성수 13개 분야 사업 주체

- **문화기술(CT Fair)** 피이그(PIG), 에스팩토리(S-Factory)
- **컨퍼런스(Change Maker Conference)**
  루트임팩트, 임팩트얼라이언스
- **게임테마(Play)** 유니크굿컴퍼니
- **미술전시(Arts)** 이너스페이스
- **음악(Music)** 페이지터너, 일일공일팔, 게토얼라이브
- **웹툰(Webtoon)** 서울웹툰아카데미, 키다리스튜디오, 한양여자대학교웹툰학과
- **패션(Fashion)** 고교패션·모델콘테스트with이상봉, 성동문화재단
- **여행(Local)** 사계절공정여행, 동네건축가들, 도시를만드는사람들, 책읽는엄마책읽는아이, 플라잉웨일
- **뷰티(Beauty)** 데이즈드코리아, 올리브영
- **투자(Investment)** 성동구상공회, 뮤즈펜
- **영화(Film)** 해외문화원, 다양성洞협력위원회, 성동문화재단
- **공예(Craft)** 꽃길만걸어요, 성동문화재단
- **음식(F&B)** 성수교과서, 성동문화재단, 펍지성수(크래프톤)

우선 문화기술(CT)을 중심으로 첨단 기술과 문화예술을 결합함으로써 CT 산업과 콘텐츠 예술의 미래를 설계하고자 하였다. 단순한 볼거리 제공이 아니라 도시 차원의 문화산업 생태계를 구축하려는 시도이다.

또한 크리에이티브×성수는 도시재생과 연계된 플랫폼형 축제로 지역 창작자와 로컬 브랜드, 기업과 시민이 함께 참여하여 지속가능한 상생 모델을 만들어가고 있다. 이는 전시나 공연에 머무는 기존 모델과는 뚜렷이 구분되는 방향이다.

무엇보다도 주목할 점은 지방자치단체와 기초문화재단, 학교, 기업, 시민이 공동기획자로 참여하는 민·관·산·학 커뮤니티 융합형 모델을 실현하고 있다는 점이다. 크리에이티브×성수는 도시와 문화기술, 문화예술이 유기적으로 결합하고 이를 통해 글로벌 네트워크와 창의 생태계가 확장되는 실험적 플랫폼으로 진화해 가고 있다.

글로벌 문화콘텐츠산업축제 비교

구 분	CreativeXSeongsu (성동구)	SXSW (미국)	Ars Electronica (오스트리아)	Nuit Blanche (프랑스)
중심 테마	문화기술(CT)+ 도시재생+예술	테크놀로지+ 창업+예술	디지털 아트+ 과학	공공· 공간 예술
지역 기반성	로컬 창작자, 지역브랜드 중심	도시 전체가 비즈니스 네트워크	실험예술가 위주	시민참여형
산업 연계성	콘텐츠 기업, 스타트업 연계	기업 중심 컨퍼런스 +쇼케이스 중심	학제간 융합연구 중심	산업연계 낮음
글로벌확장성	시작 단계지만 잠재력 큼	글로벌 문화콘텐츠 축제로 성장	유럽 내 영향력 큼	프랑스- 유럽 중심
시민 커뮤니티	매우 강함	제한적임	다소 약함	매우 강함
지속 가능성	도시전략과 연계, 강함	비즈니스 성격, 강함	공공예산 의존, 강함	매년 기획 (다양성), 강함

1. 문화기술페어 (Culture Technology Fair)

크리에이티브×성수는 매년 기획위원회를 통해 축제의 주제를 선정하고 이를 각 사업에 유기적으로 반영하고자 노력하고 있다. 그중에서도 철학과 방향성을 가장 잘 구현하고 있는 대표 사업이 바로 문화기술페어(Culture Technology Fair, 이하 CT페어)다.

문화기술(CT)은 디지털 미디어를 기반으로 첨단 기술을 활용해 음악, 미술, 게임, 영상, 만화, 패션 등 다양한 문화예술 콘텐츠와 결합해 엔터테크산업으로 빠르게 성장하고 있는 분야다. 특히 콘텐츠 기획·제작·유통·소비 전 과정에서 핵심 기술로 작동하며 인터랙티브 미디어아트, 미디어 파사드, 홀로그램, NFT,

가상(VR)·증강(AR)·확장(XR)현실, 메타버스, AI 기반 창작 플랫폼 등으로 확장되고 있다.

사실 문화기술(CT)은 이미 20여 년 전 국가핵심전략산업으로 주목받은 바 있다. 2001년 김대중 대통령은 국민경제자문회의를 통해 '차세대 성장산업 발전전략'을 발표하며 CT를 IT(정보기술), BT(생명공학), NT(나노기술), ET(환경기술), ST(우주항공기술)와 함께 6대 미래 성장동력으로 선정했다. 당시 정부는 2005년까지 총 10조 원의 예산을 투자하겠다는 계획을 발표했고 이는 대한민국이 '문화국가'로 도약하는 전환점이 되었다.

그 시절에는 주로 아날로그 콘텐츠를 디지털화하는 기술에 집중되었지만 이후에는 AI 기반 창작도구, 사이버 커뮤니케이션, 인터랙티브 미디어, 실감형 기술 등으로 디지털 문화기술의 외연이 급속히 확장되었다. 지금처럼 AI와 CT의 융합이 화두가 되는 시대에 이미 25년 전부터 그 가능성을 보고 인력 양성과 기술 개발에 국가적 투자를 아끼지 않았던 선각자의 혜안은 놀랍기만 하다.

지난 보수정권의 정책 결정자들이 R&D 예산을 무분별하게 삭감하며 AI 시대 기반을 흔들었던 상황을 마주할 때마다 문화기술의 미래에 국가적 비전을 품고 체계적 투자를 단행했던 김대중 정부의 전략이 더욱 대단한 청사진으로 다가온다. 그 씨앗

이 있었기에 지금의 K-콘텐츠 산업이 글로벌 확산의 토대를 마련할 수 있었음을 잊지 말아야 한다.

하지만 안타깝게도 문화기술(CT)을 중심으로 미래 사회를 조망하는 국가 행사나 글로벌한 박람회는 거의 전무한 실정이다. 그래서 우리는 생각했다. 성수동에서 문화기술과 창조기업이 만나 새로운 문화기술콘텐츠 시장의 장(場)을 여는 것, 그것이 곧 성수에서 시작된 문화기술페어(CT페어)의 본질이자 출발점이다.

2023 크리에이티브×성수 CT페어의 핵심주제는 '창조적 공존의 도시(Creative Synchronicity)'였다. 여기서 '싱크로니시티(Synchronicity)[18]'는 단순한 동시성이나 공시성을 넘어 문화기술(CT)과 사람, 기업, 도시가 유기적으로 연결되고 융합되며 새로운 공동체를 창조해 나가는 철학적 개념으로 확장되었다.

즉 온라인과 오프라인, 가상과 현실, 문화기술과 문화예술, 창

---

18 싱크로니시티(Synchronicity) : 스위스 출신의 정신과 의사이며 분석심리학의 창시자인 카를 구스타프 융(1875~1961)이 사용한 싱크로니시티에서 착안하였는데, 구스타프 융은「싱크로니시티:비인과적 연관원리(Synchronicity: An Acasual Connecting Principle)」라는 논문에서 어떤 정신적 상태가 그것과 의미 있게 연결된 것처럼 보이는 외적 사건이 동시에 일어나는 현상을 '싱크로니시티'라는 개념으로 설명하고 있다. 즉 어떤 사건이 우연의 일치로 발생하였을 때 둘 사이에 어떠한 연관관계도 없는 것처럼 보이지만 실제로는 우연이 아닌 비(非)인과적 법칙이 있으며 이는 무의식이 의식의 틈을 통해 현실에 보내는 일종의 메시지로 동시성(共時) 현상을 설명하고 있다.

조기업과 문화시민이 서로 조화를 이루며 인류와 지구 환경의 미래를 함께 설계하는 포용공동체로 나가자는 비전을 담았다.

이러한 철학을 구현하기 위한 공간이 바로 성수동 에스팩토리(S-Factory)였다. 이곳에서는 체험형 콘텐츠, 아트웍 그리고 미래 문화콘텐츠 산업을 주도할 다양한 기술 기반 아이템들이 실감형 전시로 구현되었다.

2023년 CT페어는 기술과 예술이 융합된 다섯 개의 핵심 테마 존으로 구성되었다. 게임, 패션, 미디어아트, K-POP 그리고 라이프테크 분야로 나뉜 이 테마 존들은 각각 성수에 둥지를 튼 창조기업들이 주도적으로 참여해 미래 문화기술의 실험장을 구현해 냈다.

게임 존에서는 글로벌 게임기업 크래프톤과 창의적인 스토리텔링 기술을 보유한 룹앤테일이 참여하여 몰입형 체험 콘텐츠를 선보였고 패션 존은 무신사와 신예 브랜드 이매지니어스가 협업하여 디지털 패션과 라이브 커머스 기술이 결합한 미래형 쇼룸을 구현해 관람객의 주목을 받았다.

미디어아트 존은 스튜디오 아텍과 뉴튠이 주도하여 인터랙티브 아트와 실시간 반응형 콘텐츠 기술을 활용한 전시를 구성했고, K-POP 존에서는 스페이스 오디티가 참여해 음악과 데이터, 팬 경험이 결합한 혁신적인 K-POP 콘텐츠 플랫폼을 선보였다.

이 외에도 융복합 기술을 기반으로 한 다양한 창조기업들이 참가하여 축제의 기술적 깊이를 더했다. 로봇 분야에서는 바리스타와 아이스크림 로봇을 개발한 XYZ, 수질 관리 로봇을 선보인 아트와, 사운드 기술 분야에서는 TROUND가 XR 기반의 사운드 경험을 제공했다.

시각 기술 부문에서는 아테크넷의 3D 홀로그램 디스플레이가 주목을 받았고 메타버스와 VR 기술을 선도하는 데이터킹, CD를 대체할 차세대 음악 재생 플랫폼을 개발한 네모즈랩, 에너지 자가생산 기술을 선보인 휴젝트도 참여했다.

또한 한양여자대학교는 니트와 세라믹을 융합한 신소재 실험을 전시했으며 스튜디오 천재는 캐릭터 굿즈 개발과 관련된 창의적인 아이디어를 공유하며 현장을 풍성하게 채웠다.

CT페어의 현장은 단순한 전시를 넘어 기술과 콘텐츠, 도시와 기업이 실시간으로 연결되는 창조적 실험의 장이자 성수동이라는 지역이 만들어낸 고유한 문화기술 플랫폼의 출발점이 되었다.

2024년 크리에이티브×성수 CT페어는 '창조적 경계의 도시(Creative Liminality)[19]'를 주제로 삼았다. 우리가 살아가는 현실의 경계—시간과 공간, 인간과 기술, 과거와 미래—를 넘나들며 새로운 의미를 발견하려는 시도이자 그 경계에서 피어나는 창조적 에너지를 도시와 축제를 통해 형상화하려는 실험이었다.

'리미널리티(Liminality)'는 원래 인류학에서 의례의 경계 상태를 뜻하지만 여기서는 내재된 시공간의 경계에서 출발해 확장과 중첩을 거치며 끊임없이 변화하는 현재와 미래의 임계 공간을 의미한다. 성수동은 이러한 경계적 도시의 상징이다. 산업적 과거와 창조적 현재가 공존하고 청년 창작자와 첨단 기업, 지역 주민과 글로벌 브랜드가 살아가는 이곳은 '지금-여기'의 도시 철학이 기술과 예술을 통해 실현되는 살아 있는 경계 도시다.

2024년 CT페어를 이끈 창조기업 피이그(FIG)는 이번 주제를 이렇게 해석했다.

"이 도시는 푸가(Fuga)[20]와 같다. 수많은 욕망과 가능성, 창조의 에너지가 불협화음처럼 부유하고, 쫓고 쫓기는 전개 속에

---

19 리미널리티(Liminality, 라틴어로 문턱을 뜻하는 Limen에서 유래) : 리미널리티의 개념은 20세기 초 민속학자 아놀드 반 헤네프(Arnold van Gennep)에 의해 개발되었고 빅터 터너(Victor Turner)에 의해 확장되었는데 인류학적 측면으로는 통과의례의 중간단계, 즉 모호성 또는 방향감각 상실의 과도기적 단계를 의미한다. 쉽게 표현하면 '이전에는 무엇이었는가'와 '다음엔 어떻게 될 것인가'의 문턱, 경계(임계)지점을 의미한다. 여기서 리미널리티는 시간적·공간적 개념으로 개인으로 청소년기의 사춘기나 질풍노도의 시기, 사회적으로 질서의 붕괴나 전쟁·혁명 등 혼 란기를 지나 자아가 형성되고 새로운 질서가 마련되기 직전 또는 그 경계 상황을 뜻한다. 위키백과 참조.

20 작곡가 요한 세바스티안 바흐에 의해 완성되었다고 알려진 푸가(Fuga)는 작곡형식의 일종으로 한 성부가 으뜸조로 하나의 선율을 연주해 나가면 다른 성부가 그것을 모방하면서 되풀이하는 방식으로 3성부, 4성부로 발전시켜 나가는 대위법에 따른 악곡이다. 다음백과 참조.

어느덧 협화를 이룬다. 하나의 음률로 이어지는 시공간의 흐름을 벗어난 지금, 이것은 특이점의 도래인지 모호한 임계점(Liminality)인지 그 무엇도 분명치 않다. 다만 방향 상실에 빠지지 않고 스스로 통합하고 진화하는 이 에너지는 사람과 기술과 예술이 만나 들끓는다. 모든 것이 조화롭다. 시간 밖의 시간, 특별한 장소에서 전혀 다른 감각의 도시, 성수의 화음이 팽창한다."

이는 단지 시적 감상이 아니라 CT페어가 공간과 테크놀로지, 예술과 사람 사이의 유기적 연결을 통해 무엇을 구현하고자 하는지에 대한 핵심 철학을 대변하는 선언이기도 했다.

실제로 2024년 주제를 확정하기에 앞서 열린 기획위원회 회의에서는 모든 위원이 참여하여 우리가 직면한 현실의 문제와 시대적 화두 그리고 성수동이라는 장소가 불러일으키는 상징어들을 놓고 깊이 있는 토론이 이어졌다. 불협화음이 모여 협화를 이뤄 가는 과정, 이것이 바로 크리에이티브×성수다. 2023년 '싱크로니시티(Synchronicity)'가 연결과 공존의 조화를 이야기했다면 2024년 '리미널리티(Liminality)'는 그 경계에서 창조적 흐름이 어떻게 생겨나는지를 묻는 도시적 사유의 실천이었다. CT페어는 바로 이 사유를 기술과 예술, 사람과 공간으로 풀어낸 하나의 집단적 창작 행위였다. 또한 단순한 기술 전시나 체험이 아닌 시간대별 이동식 극장형 전시(Theatrical Fair)로 구현되어 관람객이 공간을 따라 이동하며 프로그램과 상호작용을 하는 몰입형 체험을 제공했다. 이는 창작자와 관객의 경계를 허물며 문화창조산업의 가치를 극대화하고자 한 시도였다.

대표 프로그램은 다음과 같다.

2024년 CT페어 대표 프로그램

- **성수 사이버펑크 사가**
  인공지능과 관객, 프롬프트 엔지니어가 실시간 대화를 주고받으며 서사를 함께 만들어가는 실험적 프로젝트

- **리미널 드림스**
  디지털 기술을 통해 꿈의 세계를 구현한 공간

- **퓨처 노스텔지아(Future Nostalgia)**
  과거의 향수와 미래기술을 접목한 감각적 인터페이스 체험

- **KENZIE의 리웍 음악을 기반으로 한 몰입형 비주얼테크 아트**
  음악·조명·레이저·사운드의 융합

- **믹스드 다이멘션(Mixed Dimension)**
  XR 기술을 통해 개인 맞춤 명상 공간을 구현

- **sonic BLOOM**
  실험음악과 사운드 아트로 구성된 테크-아트 공연 시리즈

2024년 CT페어는 FIG(전시기획사)를 중심으로 KENZIE, AMBERIN, SONY360 Reality Audio, 서울과학기술대학교,

크래프톤, 웨이드월드와이드, 이매지니어스, 비츠엔터테인먼트, RSG, 딩고, 더블미, 사일로랩, 발트 스트링 쿼텟, 툇마루 무용단, 원밀리언, 한국저작권보호원 등 다양한 창조기업과 콘텐츠 단체들이 협업하며 음악, 미디어아트, XR, AI, 메타버스, 퍼포먼스 등 첨단 콘텐츠의 경계를 확장했다.

그러나 현장에서 드러난 현실적 과제도 적지 않았다. 참여 기업들은 입을 모아 국가 차원의 문화기술(CT) 연구소 설립과 R&D 예산 확대의 필요성을 제기하였다. 콘텐츠 산업이 엔터테크 선도국가로 도약하기 위해서는 체계적이고 전략적인 지원 인프라가 필수적임을 확인한 자리이기도 했다.

2025년 CT페어의 주제는 '창조적 시대정신(Creative Zeitgeist)'이다.

'창조적 공존(Creative Synchronicity, 2023)'이 문화기술과 도시, 사람과 기업이 실시간으로 연결되는 공시적 네트워크를 탐색했다면, '창조적 경계(Creative Liminality, 2024)'는 시간과 공간, 현실과 가상 사이의 경계를 넘나들며 문화기술의 확장성을 실험했다.

그리고 우리는 더 근본적인 질문 앞에 서게 되었다. "이 시대를 관통하는 정신은 무엇이며, 우리는 어디로 향하고 있는가?"

CT페어는 단순한 기술 축제가 아니다. 인류 문명의 전환기에 놓인 현재를 비판적으로 직시하고 문화기술을 통해 시대정신(Zeitgeist)을 탐색하는 집단적 성찰의 장이다. 디지털과 인터넷, 모바일 시대를 지나 우리는 인공지능(AI)이라는 전혀 다른 패러다임과 맞서고 있다. 기계의 시대가 종말을 고하고 전자의 시대가 시작된 1969년 달 착륙 이후 50여 년, 문명은 지금 다시 한번 '창조적 방향 전환'을 요구받고 있다.

이러한 문제의식은 독일의 유대계 철학자 발터 벤야민[21](Walter Benjamin)의 사유로 이어진다. 그는 '진보'라는 허상을 맹목적으로 추종하기보다 현재를 비판적으로 응시하고 과거로부터 해방의 실마리를 찾아야 한다고 말한다. 즉 '지금 이 순간'이야말로 시대를 바꾸는 창조적 기회의 시간이라는 것이다.

2025 크리에이티브×성수는 이러한 정신을 성찰하며 ▲규범화된 시간질서에서 벗어나 ▲반복되는 과거로부터의 단절을 감행하고 ▲새로운 미래 감각을 창출하는 문화기술의 실험장을 열고자 하였다. 따라서 CT페어는 '현재성의 힘'을 발판으로 시대정신과 기술, 창조성과 공감이 어떻게 만나 새로운 사회적 상상력을 불러일으킬 수 있는가를 질문한다.

---

21 Walter Bendix Schönflies Benjamin(1892년~1940년) 유대계 독일인으로 문학평론가, 미학자이며 철학자. 잊혀져가는 과거를 재구성하고 그 과거에 어떤 희망이 있는가를 탐구했던 학자로 유명

크리에이티브×성수 연도별 추진 방향

	항목	내용
2023년	주 제	Creative Synchronicity(공시성·동시성)의 도시
	지향점	전시(시각)중심의 문화창조산업축제
	방법론	• 가상세계와 현실세계의 만남 • 문화기술과 문화예술의 만남 • 문화시민과 창조기업의 만남 • 온라인과 오프라인의 만남
	추진체계	기획(추진)위원회
	기간/장소	2023. 9. 18 ~ 9. 24(7일간), 성수동 일부
	사업분야	CT페어, 컨퍼런스 필드, 플레이성수, 아트성수, 뮤직성수, 패션성수, 로컬성수, 테이스티성수, 공예 프리마켓(9개 분야)
	관람객	5만명(실제 48,922여명 방문)
2024년	주 제	Creative Liminality(경계성·임계성)의 도시
	지향점	공연(공감) 중심의 문화창조산업축제
	방법론	• 역동하고 변화하는 현재와 미래의 경계 공간 • 무의식에 내재된 시간과 공간의 확장과 중첩 공간 • 한곳에 치우치지 않은 시공간, 현재와 미래의 경계 • 상상력으로 만들어낸 창조적 경계, 미래의 향수
	추진체계	기획위원회 / 실행위원회
	기간/장소	2024. 10. 7 ~ 13(7일간), 성수동 전역
	사업분야	• 기획사업 CT페어, 체인지메이커 컨퍼런스, 트레저 성수(3개 분야) • 협력사업 아트, 뮤직, 패션, 트립, 필름, 웹툰, 크래프트마켓, 테이스티(8개 분야)
	관람객	• 직접 관람객 15만명 • 온라인 관람객 80만명
2025년	주 제	Creative Zeitgeist(창조적 시대정신)의 도시
	지향점	기술과 창조, 시대정신 중심의 문화창조산업축제
	방법론	• 문화기술과 창조성의 공감 • 기술+창의+시대정신의 융합 • 변화의 예측, 인류의 미래 고민 • 예술이 묻고 기술이 답하고, 기술의 한계를 예술이 극복
	추진체계	기획위원회
	기간/장소	2025. 9. 15 ~ 21(7일간), 성수동 전역
	사업분야	• 융합사업 CT페어, 체인지메이커 컨퍼런스, 플레이 성수(3개 분야) • 분야별사업 아트, 뮤직, 패션, 트립, 필름, 웹툰, 뷰티, 투자, 크래프트마켓, 테이스티(10개 분야)
	관람객	• 직접 관람객 30명 • 온라인 관람객 100만명 목표

2. 체인지 메이커 컨퍼런스(Change Maker Conference)

크리에이티브X성수의 한 축을 이루는 체인지 메이커 컨퍼런스는 지역과 세계가 만나는 접점에서 지속가능한 미래를 모색하는 도시 구성원의 집단지성 플랫폼이다.

2023년 첫 회부터 2025년까지 매년 변화하는 시대 화두에 응답하며 성수동이라는 공간이 품고 있는 변화의 가능성을 실험해 왔다.

2023년 컨퍼런스 주제는 '세렌디피티(Serendipity)'였다. 우연한 만남에서 기분 좋은 발견이 일어나고, 그것이 개인의 삶과 도시를 바꾸는 계기가 될 수 있다는 믿음에서 출발했다. 루트 임팩트와 임팩트 얼라이언스가 주도한 컨퍼런스는 지속가능한 도시와 문화를 주제로 유엔지속가능발전목표(UN SDGs)를 바탕으로 사람(People), 지구(Planet), 번영(Prosperity)이라는 세 개의 축으로 나뉘어 토크, 포럼, 워크숍, 강연 등 다양한 형식으로 진행되었다. 결과적으로 다양성과 포용성, 기후위기 대응, 도시혁신 등 구체적이고 실천적인 의제가 공유되었고 이는 성수가 지향하는 포용적 공동체의 기초가 되었다.

2024년은 'AI와 함께하는 지속가능한 내일'을 주제로 삼았다.

　AI가 불러올 미래 변화의 물결 속에서 우리 사회는 어떻게 균형 있는 지속가능성을 구현할 수 있을까?

　이 질문은 세 가지 핵심 키워드―인구구조의 변화, 공정한 교육기회, 포용적 일터―로 구체화했고 ▲AI의 사회적 기능 ▲교육 혁신과 디지털 포용 ▲일의 미래에 대한 집단적 통찰을 모으는 기회가 되었다.

　'AI 시대 모두를 위한 교육'과 같은 주제를 다룬 컨퍼런스와 '인공지능 시대, 몸 둘 바 알고 싶은 사람들' 등 인간적인 물음이 던져진 토크와 네트워킹 그리고 시민이 직접 참여한 공모전과 전시까지 기술과 인간의 접점을 새롭게 사유하는 플랫폼으로 확장되었다.

2025년의 체인지 메이커 컨퍼런스는 '시대공명, 론제비티 소사이어티의 새로운 균형'이라는 도전적인 주제가 제시되었다. 초고령화 사회가 현실화된 오늘 우리는 단순한 생존의 문제를 넘어 새로운 생애 단계와 삶의 의미를 설계해야 할 시점에 도달해 있다. 과거와 현재, 세대와 세대가 서로의 경험을 공명(共鳴)하며 만나고 기술과 문화, 복지와 삶이 통합된 사회적 균형점을 찾아가는 여정이다.

이 컨퍼런스는 단지 고령사회라는 리스크를 이야기하지 않는다. 오히려 그 안에서 '연장된 삶의 시간'을 가치 있게 만드는 새로운 사회적 상상력을 공동체의 지혜로 만들어 가자는 선언적 시도라 할 수 있다.

3. 플레이 성수(Play Seongsu)

플레이 성수는 2023년 온오프라인 게임 콘텐츠 제작·유통 기업 '유니크 굿 컴퍼니' 대표의 제안에서 출발했다. 성수동 전체를 세계적인 테마파크 도시로 만들어보고 싶다는 그의 포부는 기존 공간 개념을 확장하는 창의적 구상으로 공연과 도시, 기술과 게임을 융합하는 새로운 놀이 패러다임을 제시했다. 그가 제시한 해외 사례인 몰입형 연극 〈Sleep No More〉와 〈Immersive Hamlet〉은 관객이 단순한 관람자가 아니라 극의 일부로 참여하며 배우와 상호작용하고 공연의 결말에 영향을 주는 구조였다. 특히 폐건물이나 유휴 공간 어디서든 구현 가능한 이 공연 형식에 XR 콘텐츠와 스마트폰 기술이 더해지면 공간의 제약을 뛰어넘는 새로운 경험으로 확장될 수 있다며 도시 전체를 거대한 체험형 무대로 만들 가능성을 제시했다. 우리는 과거 강릉에서 열린 '포켓몬 GO' 행사가 관광객 유치는 성공했지만 지역경제 파급효과는 미미했다는 점을 상기하며 지역성과 체험 콘텐츠가 유기적으로 결합해야 한다는 인식을 공유했다.

2023년 플레이 성수는 성수동을 무대로 한 시범사업으로 본격 추진되었다. 보물찾기, 외계인 포획 대작전, 뉴 슈즈, 수사노

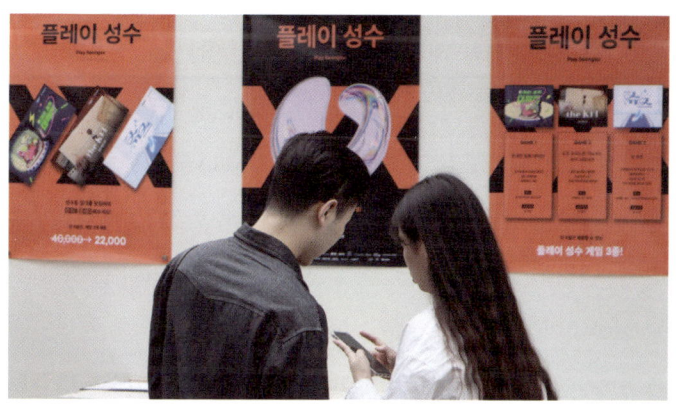

트 The Kit, 윤익대대 살인사건 등 총 5개의 게임 콘텐츠가 실제 도시 공간에 배치되었다. 예컨대 외계인 포획 대작전은 연무장길을 중심으로 한 아웃도어 미션형 게임으로, 뉴 슈즈는 '신데렐라' 서사를 차용해 유일한 수제화 장인을 찾아가는 탐험형 게임으로 기획되었다. 수사노트는 갈대습지에서 발견된 미스터리 사건을 추적하는 추리 게임이었으며 윤익대대 살인사건은 참여자들이 용의자가 되어 협력과 대립 속 범인을 찾는 보드게임 형식으로 구성되었다. 이처럼 도시의 역사, 골목, 가게, 사람을 서사화하며 참여형 공간 콘텐츠로 확장한 실험은 일상의 공간을 놀이와 서사의 무대로 전환하는 전례 없는 시도였다.

2024년에는 보다 친숙한 테마로 시민의 체험 몰입도를 높였다. '이상한 나라의 앨리스'를 콘셉트로 한 플레이 성수는 서울숲과 성수동 전역을 배경으로 진행되었고 참가자들은 '황금 열쇠 찾기'와 '황금바 찾기' 등 숨겨진 아이템을 탐색하거나 도심 속에서 출몰하는 체스 말 캐릭터들과 가상 대결을 펼쳤다. 공간을 '게임화(Gamification)'하여 도시를 색다르게 인식하고 즐길 수 있도록 기획된 프로그램은 5일간 21만여 건의 플레이 수를 기록하며 대중적 호응을 얻었다. 이는 단순한 여가 프로그램을 넘어 도시에 대한 인식과 참여방식을 바꾸는 문화 실험으로서 자리매김했다.

2025년에는 참여자 중심의 체험형 콘텐츠에 더 집중하였다. 방 탈출 게임, 보드게임, 클라이밍 등 능동적 몰입이 가능한 체험형 게임 콘텐츠를 강화함과 동시에 관련 산업 발전을 위한 컨퍼런스와 기업 간 네트워킹이 병행되었다. 체험형 엔터테인먼트 산업의 미래를 제시하는 비즈니스 매칭, 신규 게임 체험 및 프로모션 플랫폼 역할까지 수행하며 플레이 성수는 문화·기술·도시를 잇는 융복합 실험장이자 글로벌 체험형 콘텐츠 산업의 테스트베드로 진화하고 있다. 이 과정에는 리얼월드, 키이스페이스, SCRAP, Climb, TechRun 등 다수의 체험형 엔터테인먼트 기업들이 참여하며 도시 전체를 움직이는 창조적 생태계로 만들어가고 있다.

4. 아트 성수(Art Seongsu), 크래프트 성수(Craft Seongsu)

아트 성수는 "우리 주변엔 화가가 있는가?", "최근 10년 사이 직접 미술 작품을 구매한 적이 있는가?"라는 질문에서 출발했다. 답변자의 열에 아홉이 "아니오"라고 대답하는 현실. 전국 수많은 미술대학 졸업생은 어디로 가고 거리의 음식점에서조차 그림 한 점 보기 어려워진 시대. 미술이 일상에서 멀어졌음을 자각한 순간 지역과 예술의 새로운 관계를 실험해 볼 필요가 제기되었다. 국제적인 미술 행사인 광주비엔날레[22]나 아트페어인 키아프(KIAF), 프리즈(Freize) 서울 등은 있으나 그것이 지역기반의 예술 생태계로까지 연결되기는 어려웠다. 관람의 장벽과 가격의 부담, 예술가와 시민 사이의 단절을 어떻게 극복할 수 있을까? 아트 성수는 이 같은 고민의 실마리를 풀어가는 여정으로 시작되었다.

실행의 동력은 성수동에서 팝업 갤러리를 운영하던 '이너스페이스' 대표의 발걸음에서 비롯됐다. 그는 성수 지역 30여 개 갤러리와 100여 명의 화가, 10여 명의 미디어 아트 작가, 미술학원 등과 접촉하며 공감과 설득의 과정을 통해 G(갤러리), A(예술가), P(사람)를 연결하는 '아트 성수' 구상을 구체화해 갔다. 이 과정에서 성수동 곳곳에 예술의 숨을 불어넣는 기획이 다채롭게 전개되었다. 여기에 더해 서울숲 인근 오래된 지하공간을 창작산실로 탈바꿈시킨 '게토얼라이브' 대표가 기꺼이 아트포럼의 파트너

---

22 비엔날레는 이탈리아어로 '2년마다'라는 의미이다. 즉 2년마다 열리는 국제 미술박람회를 지칭하는데, 1895년 이탈리아 국왕의 결혼 25주년을 기념하여 베네치아 시에서 창립하였으며 1930년부터 이탈리아 정부가 주관하고 있다. 베니스와 더불어 브라질 상파울루, 미국 휘트니 비엔날레는 소위 세계 3대 비엔날레로 꼽힌다.

로 나섰다. '로컬이 공유하는 예술의 가치', '예술은 어떻게 혁신을 이끄는가'라는 질문을 던지며 예술가, 기획자, 창조기업들이 지역의 미래를 상상하는 자리를 만들었고 이론과 실천이 맞닿는 토대가 형성되었다. 비록 게토얼라이브는 임대계약 종료로 문을 닫았지만 그 정신은 이후 행사에 고스란히 이어졌다.

2023년 아트 성수는 에스팩토리, 언더스탠드에비뉴, 게토얼라이브 등에서 열렸다. 총 16개 갤러리가 참여하고 100여 명의 작가가 회화, 설치, 미디어아트 등 다양한 장르의 500여 점의 작품을 선보였으며 6명의 미디어 아티스트가 함께하며 기술과 예술의 접점을 제시했다. 시민들은 거리와 공간 속에서 일상처럼 만나는 예술을 체험했고 작가와의 직접적인 연결을 통해 작품에 대한 이해와 흥미도 높아졌다.

2024년에는 'ART FLOW: Around S.A.F in a Day'라는 슬로건 아래 전시공간을 더 확장하고 접근성을 강화하였다. 아트스탠드, 소셜혁신랩, 성수아뜰리에를 비롯해 지식산업센터 로비까지 전시 무대로 활용되었고 특히 청년 작가들이 참가비 없이 전시할 수 있도록 지원하였다. 판매 수익 전액을 작가에게 귀속시키는 구조 또한 큰 반향을 일으켰다. 팝아트, 민화, 그래피티,

설치미술, 미디어아트 등 360여 점의 작품이 전시되었고 3만 4천여 명의 관람객이 다녀가는 의미 있는 성과를 거두었다. '누구나 참여할 수 있는 예술, 지역과 함께 호흡하는 미술'이라는 방향성이 본격화했다.

2025년에는 보다 정교하고 다층적인 구성으로 예술의 스펙트럼을 확장하였다. 성수에서 활동하는 예술가들을 중심으로 '성수 아티스트 페어'를 열고 청년작가전과 장애예술가전, 미디어아트와 기술을 접목한 '성수 Art Tech 10인 전'이 마련되었다. 여기에 '밀리의 서재'와 '뵈뵈TV'가 협업한 인터뷰 프로그램, '성수 아트 허브콘서트', 발달장애 예술가들의 세계를 조명한 '오

티즘 특별전'도 포함되었다. 아트상품전과 미국 보스턴 대학 연계 해외 작가 전시까지 이어지며 아트 성수는 성수동이라는 지역에서 출발해 로컬과 글로벌을 잇는 예술 네트워크이자 시민의 삶에 스며드는 문화 플랫폼으로 진화하고 있다.

크래프트 성수는 성동문화재단이 2022년부터 추진해 온 '예술정원' 사업을 기반으로 확장된 생활공예 축제다. 고령화와 소득수준 향상으로 삶의 질에 관한 관심이 높아지면서 도예, 금속, 유리, 목공, 패브릭 등 생활 속 공예 활동에 참여하는 시민과 전문 작가들이 꾸준히 늘어났지만 공예품을 홍보·판매할 수 있는 장은 여전히 부족했다. 이에 성동문화재단에서는 실태조사를 통해

220여 곳의 공방과 공예 작가가 활동 중임을 확인하고 이들을 위한 주민참여형 공예 플랫폼 구축에 나섰다.

우선 소월아트홀 광장을 매월 2회 개방해 50여 개의 판매부스를 운영하는 '공예아트마켓'을 시작했고 점차 옥수고가 하부, 살곶이 다리, 서울숲, 연무장 길, 언더스탠드 에비뉴 등 주요 축제 공간 및 거리로 범위를 확대했다. 이를 통해 2022년 164개였던 참여 작가와 공방은 2025년 222개로 증가했고 성수동 수제화 장인들과 협업을 확대하여 100여 개의 공예부스를 운영하는 등 명실상부한 '성동형 공예아트마켓'으로 자리 잡았다. 시민들에게는 공예 체험과 문화 향유 기회를, 공예 작가들에게는 실질적인 수익창출의 발판을 마련하는 상생효과를 거두고 있다.

5. 뮤직 성수(Music Seongsu)

음악이 없는 축제를 상상할 수 있을까? 앙꼬 빠진 찐빵, 팥소 없는 붕어빵처럼 밋밋한 상상일 것이다. 그러나 크리에이티브×성수를 준비하면서 가장 많은 논의와 고민이 집중된 분야는 아이러니하게도 바로 음악이었다. 국내 수많은 축제가 대형 무대와 스타 섭외에 막대한 예산을 투입하며 유사한 공연 형태를 반복하고 있는 현실 속에서 성수만의 고유한 음악 축제를 어떤 방식으로 구현할 수 있을지, 나아가 지속가능성과 차별성을 어떻

게 확보할 것인지가 가장 큰 과제였다. 더욱이 주민의 동의 없이는 소음과 안전, 교통 문제로 번질 수 있는 공연이라는 특성상 현실적 제약도 적지 않았다. 이럴 때마다 곱씹은 문장이 있다. "분석은 예리하게 하되 해석은 유리하게 하라." PD 출신 주철환 교수가 언급한 이 말처럼 가능한 것부터 하나씩 해보자는 마음으로 접근한 것이 뮤직 성수의 시작이었다.

우선 성동문화재단이 2017년부터 페이지터너와 함께 개최해온 '서울숲 재즈 페스티벌'을 중심축으로 삼았다. 여기에 2023년부터 새롭게 시작한 '서울숲 힙합 페스티벌'을 결합하고 재즈·국악·실험음악·대중음악 등을 아우를 수 있는 협력 파트너로 '일일공일팔(한국 대중음악 아카이빙)'과 '게토얼라이브(실험음악 전문기업)'가 참여하면서 확장성이 열렸다. 이후 혼토니 재즈밴드의 길거리 퍼포먼스, 떡방앗간과 재즈클럽을 공연장으로 탈바꿈시키는 팝업 콘서트, 성수이로의 차 없는 거리 프로젝트 등이 하나씩 실행에 옮겨졌다. LCDC, 성수연방, 카인드서울, 코끼리베이글, 청송소공원 등도 자발적으로 공간을 내주며 축제 분위기에 동참했고 골목골목 울려 퍼지는 라이브음악은 '뮤직 성수'만의 색깔을 만들어갔다.

'Archive-K in Seongsu', 'JAZZ年無', 'Bridge Music Alive', '골목 바이브' 등 개성 있는 프로젝트들이 이어졌고 성동구민의 적극적인 협조는 이러한 실험을 현실로 만들었다. 특히 도심과 조화를 이룬 소규모 공연과 이동형 콘서트는 자라섬 국제 재즈페스티벌이나 서울 재즈 페스티벌[23]과는 다른 방식으로 성수라는 지역 고유의 감성과 연결되어 진화해 나갔다. 반려견과 함께하는 '펫 존' 설치, 지역상점과의 연계 등도 주목할 만

---

23 국내 주요 재즈 음악축제로는 경기도 가평에서 매년 10월 열리는 '자라섬 국제 재즈 페스티벌'과, 5월 서울 올림픽공원에서 열리는 '서울 재즈 페스티벌'이 대표적이다. 자라섬은 세계적 아티스트와 로컬 밴드가 참여하는 재즈 중심 행사로 200만 명 이상의 누적 관객을 기록했으며, 서울 재즈 페스티벌은 화려한 국내외 라인업으로 주목받고 있다.

한 특징이었다.

뮤직성수를 추진해 나가면서 고비마다 떠올린 글귀가 있다. 당나라 시대 선승 임제(臨濟)의 어록, "수처작주 입처개진(隨處作主 立處皆眞)" — '어디서든 그곳의 주인이 되면 그곳이 진리의 장소가 된다'라는 뜻이다. 지금 이 자리를 책임지지 못하고 외부의 조건만 탓한다면 변화는 요원하다. 반면 내 자리에서 주인이 된다면 그곳이 지옥일지라도 깨달음의 공간으로 만들 수 있다는 통찰은 지역문화 기획의 핵심을 꿰뚫는다.

6. 패션 성수 (Fashion Seongsu)

아주 원초적인 질문이지만 패션은 산업일까, 문화일까? 그리고 우리가 흔히 말하는 '명품'은 브랜드를 뜻하는 것일까, 아니면 상품의 질(質)을 의미하는 것일까? 일반적으로는 두 가지를 모두 포함한다고 할 수 있다. 그러나 국회와 정부 부처에서 근무했던 경험에 비춰보면 이 질문들에는 집단의 이해관계가 복잡하게 얽혀 있다.

우선 우리나라에서 패션 정책을 담당하는 주무 부처는 어디일까? 옷이 만들어지는 과정을 보면 자연적·인공적 방식으로 섬유(면, 울, 나일론, 폴리에스터 등)를 추출하고 방적을 거쳐 원사(실)를 만들고 다시 방직을 통해 직물(천)을 만들며 마지막으로 봉제 과정을 통해 옷이 완성된다. 이처럼 노동집약적 제조업의 성격이 강하다는 이유로 현재까지는 산업통상자원부가 이 분야를 관할하며 지원·육성해 오고 있다.

하지만 '패션(fashion)'[24]이라는 개념은 단순한 제조공정에 국한되지 않는다. 국어사전에 따르면 패션은 '특정한 감각이나 스타일, 또는 그런 양식의 의복이나 상품 따위가 일정 기간 집단으로 유행하는 것'을 뜻한다. 연예인들이 다양한 옷을 입으며 '패션을 선도한다'라는 예시에서도 보이듯 오늘날 패션은 창의적 디자인을 넘어 K-컬처와 결합해 글로벌 유행을 만들어가는 문화현상으로 발전하고 있다.

그럼에도 불구하고 대중문화와 K-컬처 정책을 총괄하는 문화체육관광부의 『문화산업진흥기본법』 어디에도 '패션'이라는 단어는 등장하지 않는다. 그나마 '디자인'이라는 용어가 포함되어 있지만 '산업디자인은 제외'라는 단서가 붙어 있고 실제로는 공공디자인 중심으로만 해석되어 패션 산업에 대한 문화적 접근은 제도적으로 배제된 실정이다. 법적 기반이 없으니 예산 지원도 어렵고 부처 간 주도권 다툼 역시 반복된다.

---

24 Daum 한국어사전 참조

과거 '기술의 삼성인가, 디자인의 애플인가'라는 논쟁이 있었다. 기술 격차가 경쟁력을 좌우하던 시절엔 고도화된 기술력이 중요했지만 오늘날엔 정보의 흐름이 빨라지며 디자인, 브랜드, 사용자의 정체성이 오히려 상품 선택의 기준이 되고 있다. 지금이야말로 대한민국 패션 산업의 글로벌 경쟁력을 높이기 위한 새로운 논의가 필요한 시점이다.

이런 문제의식을 품고 있던 2021년 가을, 한국을 대표하는 패션 디자이너 이상봉 선생을 만났다. 봉제 산업을 넘어 패션 산업으로의 전환에 뜻을 같이하며 청소년 패션 인재들을 발굴하고 육성하려는 방안을 모색하던 끝에 전국 규모의 '고교 패션·모델 콘테스트'를 성동문화재단과 함께 개최하기로 뜻을 모았다.

성동문화재단은 공모전 운영 예산과 런웨이 공연 무대를 지

원하고, '고고 패션·모델 콘테스트 위드 이상봉' 측은 공모 절차, 심사, 시상 등을 맡기로 하였다. 2022년부터 본격적으로 진행된 콘테스트에는 전국 각지에서 수백 명의 청소년이 참가하였는데 이들의 실력은 전문가 수준에 버금갈 정도였다.

청소년들의 작품과 모델 기량을 공모전 발표 무대에서만 선보이기엔 너무 아쉬웠다. 그렇게 기획된 것이 바로 크리에이티브×성수의 '패션 성수' 사업이다. 청소년 디자이너들의 패션 작품과 학생 모델들의 런웨이를 성수동 중심 거리 한복판에서 펼쳐보자는 아이디어에서 출발했다. 대중을 상대로 한 공개 패션쇼인 만큼 신진·중견 작가와의 협업을 통해 무대의 완성도를 높이는 노력을 기울였다.

결과적으로 성수이로 중앙차선에 약 70미터 길이의 런웨이를 만들고 그 위에서 펼쳐진 패션쇼는 실로 장관이었다. 시민 수천 명이 발걸음을 멈추고 학생들과 작가들이 선보인 160여 점의 패션 작품과 모델들의 워킹을 지켜보며 아낌없는 찬사를 보냈다. "난생처음 패션쇼를 봤다"라는 시민들의 반응도 많았다.

이처럼 '패션 성수'는 런웨이를 거리로 옮기고 청소년 패셔니스트와 시민이 직접 만나는 열린 패션쇼로 자리 잡고 있다. 패션을 통해 미래세대와 지역사회가 연결되고 산업과 문화가 만나는 새로운 실험이 성수에서 시작된 것이다.

7. 웹툰 성수(Webtoon Seongsu)

웹툰(Webtoon)은 '웹(Web)'과 '카툰(Cartoon)'의 합성어로 인터넷이나 모바일 플랫폼을 통해 연재되는 디지털 만화를 의미한다. 전통적인 종이 만화와 달리 웹툰은 디지털 환경에 최적화되어 모바일 친화적인 세로 스크롤 방식 등으로 진화해 왔다.

기성세대에게는 웹툰이 오락실이나 만화방처럼 과거의 대중문화와 연결되어 다소 부정적인 인상을 줄 수 있지만 스마트폰과 함께 자라난 세대에게는 자연스러운 문화생활이자 일상의 콘텐츠 소비 방식으로 자리 잡고 있다.

세계 웹툰 시장 규모는 2023년 58억 3천만 달러에서 2024년 75억 9천만 달러로 성장하였고 2031년에는 487억 달러에 이를 것으로 전망된다. 연평균 성장률은 30.42%에 달하며 이는 전 세계적인 스마트폰 보급과 인터넷 환경의 고도화가 뒷받침하는 추세다.

한국의 웹툰 산업 역시 빠르게 성장하고 있다. 2023년 기준 산업 매출은 전년 대비 19.7% 증가한 2조 1,890억 원을 기록했으며 2033년까지 매년 15% 이상의 성장세를 이어갈 것으로 보인다. 특히 주목할 점은 한국 웹툰 플랫폼의 해외 진출 국가 중 일본이

40.3%로 가장 큰 비중을 차지하고 있다는 사실이다. 그 뒤를 북미(19.7%), 중화권(15.6%)이 잇는다.

웹툰은 단일 장르에 머무르지 않고 드라마·영화·게임·애니메이션·굿즈 등 다양한 영역으로 파급되는 원 소스 멀티 유스(One Source Multi Use)의 대표 콘텐츠다. 특히 디지털 기술과 결합해 K-웹툰은 글로벌 콘텐츠 시장에서 '웹툰 종주국'으로서의 입지를 공고히 해가고 있다.

이에 반해 만화산업 강국을 자처하던 일본의 경우 전통적인 종이 만화를 고집하다 디지털 전환이 늦어지며 뒤처졌고 이제야 웹툰 생태계 구축에 본격적으로 나서는 실정이다. 이러한 흐름을 볼 때 한국이 글로벌 문화콘텐츠 강국으로 도약하기 위해서는 웹툰 산업에 대한 정책적 지원과 장기적 전략 마련이 반드시 필요하다고 하겠다.

최근 챗GPT의 이미지 생성 기능을 활용한 '지브리 스타일'[25] 열풍은 웹툰과 애니메이션 IP의 확장 가능성을 다시금 일깨워준다. '지브리 프사' 열풍은 하루 120만 명의 챗GPT 이용자를 유입시켰으며 3개월 만에 가입자 수가 1억 5천만 명 증가했다는 분석도 있다. AI 저작권 논란이 있음에도 불구하고 애니메이션 IP의 문화적 파급력이 새롭게 조명된 사례다. 이처럼 웹툰과 애니메이션은 향후 AI 시대 콘텐츠 시장에서 지속적인 성장을 주도할 핵심 산업임에는 분명해 보인다.

이러한 인식을 바탕으로 성동문화재단은 서울웹툰아카데미, 키다리스튜디오, 한양여자대학교 웹툰학과 등과 업무협약을 맺고 지역기반의 웹툰 생태계를 구축하기 위한 협력 사업을 모색하였다. 그 대표적인 결과물이 바로 '웹툰 성수' 프로젝트다.

서울웹툰아카데미를 중심으로 지자체, 학교, 관내 웹툰 기업이 연계하여 웹툰 컨퍼런스, 토크쇼, 체험 부스, 독립웹툰 전시,

---

25 지브리 스튜디오는 1985년 미야자키 하야오(宮崎 駿)와 다카하타 이사오(高畑 勲), 프로듀서 스즈키 토시오(鈴木 敏夫)에 의해 설립된 일본의 애니메이션 제작사. Ghibli는 사하라 사막을 가로지르는 열풍을 의미(이탈리아 정찰기 이름이기도 함). 이웃집 토토로(1988), 센과 치히로의 행방 불명(2001), 바람이 분다(2013) 등 예술성과 대중성을 인정받은 다수의 애니메이션을 제작하였음.

굿즈 판매 등 다채로운 프로그램을 운영함으로써 웹툰 산업과 지역문화, 창작교육을 아우르는 융합형 축제 모델을 실현해 나가고 있다.

8. 필름 성수(Film Seongsu)

우리나라에서 매년 국제적 규모로 열리고 있는 영화제는 몇 개나 될까? 국내에서 열리고 있는 대표 영화제만 보더라도 약 10개 이상이며 소요되는 예산도 약 2억 원에서 60억 원에 이르기까지 다양하다.

또한 2024년 전국에서 열린 1천만 원~3천만 원 내외의 소규모 마을영화제 역시 10여 개가 넘는다.

물론 이 외에도 지역주민들의 참여와 협력을 통해 다양한 영화제들이 생겨났다가 소리 소문 없이 사라지는 경우도 많이 있다. 이처럼 지역 문화 활성화와 공동체 의식 강화를 목적으로 추진되었던 각종 영화제가 설립목적과 추진주체, 프로그램 운영상의 문제로 중단되거나 폐지되고 있는데 큰 이유 중 하나는 예산 문제이다. 예산의 자립성과 독립성이 확보되지 않는다면 크건 작건 지역영화제를 지속적으로 운영하기란 쉽지 않다는 것이다. 하여 영화제가 지역 공동체에 미치는 영향이 큼에도 불구하고 쉽사리 조직하고 운영할 엄두를 못 내는 실정이다. 이 같은 현

국제 규모 국내 영화제 현황

영화제명	시작연도	개최시기	특징
부산국제영화제(BIFF)	1996	10월 초	아시아 최대 규모의 국제영화제
전주국제영화제(JIFF)	2000	4월 말~5월 초	독립영화 중심, 예술성과 실험성 강조
부천국제판타스틱영화제(BIFAN)	1997	6월 말~7월 초	판타지, 호러, SF 등 장르영화 특화
서울독립영화제(SIFF)	1975	11월 말~12월 초	국내 대표 독립영화제, 신진 감독 발굴
DMZ국제다큐멘터리영화제	2009	9월 초	평화와 통일, 인권 등 다큐멘터리 영화
제천국제음악영화제(JIMFF)	2005	8월 중순	음악과 영화의 융합, 다양한 공연 행사
울주세계산악영화제(UMFF)	2016	9월 말~10월 초	산악, 자연, 환경을 주제로 한 영화
서울국제여성영화제(SIWFF)	1997	5월 중순	여성감독 작품 중심, 여성 이슈
서울환경영화제(SEFF)	2004	6월 중순	환경보호와 생태계를 주제로 한 영화
부산국제어린이청소년영화제(BIKY)	2006	7월 중순	어린이/청소년 대상 영화 및 교육 프로그램

지역별 소규모 마을영화제 현황

영화제명	시작연도	개최시기	특징
고양여성영화제	2012	8월 중순	여성 인권·젠더 이슈 중심 영화 상영, 토크콘서트 운영
머내마을영화제	2017	9월 초	마을 주민이 직접 기획·운영, 공동체 기반 영화제
정동진독립영화제	1999	8월 초	국내 유일 해변 야외 독립영화제, 일출과 함께 감상
예산마을영화제	2023	11월 중순	예산군 지역 공동체 중심, 주민 참여형 신생 영화제
섶밭들산골마을영화제	2022	8월 초	농촌·산골마을 배경 자연 친화적 영화제, 캠핑형 운영
벽적골마을영화제	2022	10월 말	청소년과 학부모 중심 교육형 영화제, 초중고와 연계
학성동마을영화제	2019	10월 말	주민 제작 영화 상영, 소규모 커뮤니티 문화 교류의 장

실을 목도하며 고민했던 문제는 예산에 구애받지 않고 영화제라는 타이틀을 내걸지 않더라도 다양한 주제의 영화를 지역 주민들과 공유할 수 있는 방법을 찾아내는 것이었다.

이러한 문제의식으로 성동문화재단은 2022년부터 한국독립영화협회와 협력하여 문화다양성의 가치를 확산하고자 단편영화 공모전을 꾸준히 개최해 왔다. 극영화, 다큐멘터리, 애니메이션, 실험영화 등 2년 이내에 제작된 30분 내외의 작품을 대상으로 본선 진출작을 선정해 네이버TV를 통해 상영하고 있는데 2023년에는 523편, 2024년에는 589편이 접수되는 등 해마다 그 관심이 높아지고 있다. 그뿐만 아니라 다양한 민간단체와 협력하여 지역의 문화다양성 이슈를 발굴하고 주민참여형 단편영화를 제작·상영하고 있다.[26] 하지만 예산과 인력의 한계로 프로그램 확대에는 어려움이 뒤따랐다.

이에 성동문화재단은 기존 협력기관 네트워크와 지역의 문화 인프라를 최대한 활용하는 방안을 모색하였다. 그 결과 크리에이티브X성수 기간 중 단편영화 공모전과 지역단편 영화제작을 토대로 업무협약을 맺은 10개국 주한 해외문화원의 협조를 받아 최근 3년 내 제작된 미개봉 장편영화 또는 국제영화제 수상작들을 선별하고 관내 상영관(CGV, 메가박스)과 소월아트홀, 성수아트홀을 활용하여 '세계 영화 상영회'를 기획하기로 한 것이다. 저예산 구조임에도 불구하고 다양한 국가의 영화를 지역 주민에게 선보일 수 있다는 장점 그리고 해외문화원 입장에서도 자국의 문화콘텐츠를 한국에 소개할 수 있다는 '윈-윈' 구조에 주목한 방안이었다.

'분석은 예리하게 하되 해석은 유리하게 하라'고 하지 않았던가! 첫술에 배부를 수 없겠지만 의지가 섰으니 해외문화원들과

---

26 성동문화재단은 문화다양성의 가치 확산을 위해 지역에 소재하는 시민단체 및 활동가 그룹(거마도, 공감인, 사계절 공정여행, 서울그린트러스트, 성동구청년지원센터, 성동장애인자립생활센터, 아프리카인사이트, 책읽은 엄마 책읽는 아이, 포스트 핀, 한베평화재단 등)과 협력하여 매년 지역단편 영화 1편을 제작·상영하고 있다.

관내 상영관을 상대로 사업 취지를 설명하며 일단 부딪쳐 보기로 하였다. 고민이 컸던 만큼 반응은 기대 이상이었다. 성동문화재단과 업무협약을 맺었던 주한 해외문화원 관계자들은 적극적으로 자국의 영화를 추천하며 자막 처리까지 완료하여 작품을 제공해 주었고 상영관도 흔쾌히 문을 열어 주었다. 그 결과 2024 필름 성수는 9개국 11편의 장편영화와 공모전 단편영화 27편, 지역단체들이 공동으로 제작한 다양성동 단편영화 1편, 국내 초청 장편영화 1편 등이 상영될 수 있었으며 총 5,932명의 관객이 다양한 영화를 관람하는 성과를 올릴 수 있었다.

이 같은 경험을 토대로 성동문화재단은 이후에도 주한 해외문화원과 협력하여 매월 1편 이상의 해외영화를 상영하고 있다. 소월·성수아트홀을 중심으로 작품성 있는 영화를 소개하고, 감독 및 출연 배우와 관객과의 대화를 현장 또는 줌(Zoom)으로 연결해 지역주민의 문화 향유 기회를 더 확장하고 있다.

'위기는 기회다', '준비된 자에게 기회가 온다'라는 말이 있다. 누구나 들어본 말이지만 일상에 치여 살아가는 평범한 사람들에게 '위기'란 말은 현실감이 부족한 단어이기도 하다. 그러나 관점을 바꾸면 매 순간이 곧 위기이고 그 순간에 노력을 기울이는 것이 기회이다. 귀찮고, 사소해 보이고, 외면하고 싶은 일들이 우리 일상의 대부분을 차지한다. 그 작은 순간마다 마음을 다해 정성을 기울인다면 그것이 준비되고 결국 기회가 된다.

필름 성수 역시 그러한 '사소하지만 귀한' 실천의 결과였다. 주한 해외문화원과 협력하고 관내 상영관과 소통하며 영화 한 편 한 편을 섬세하게 연결해 낸 지난 4년의 과정은 때로는 번거롭고 부정적인 벽에 맞닥뜨리기도 했지만 그 과정을 기꺼이 감내했기에 성수만의 독특한 영화제가 탄생할 수 있었다.

귀찮은 일을 하다 보면 귀한 일로 보답받는다. 필름 성수는 그 말의 증거가 되었다.

9. 로컬, 뷰티, 테이스티 성수
(Local & Beauty & Tasty Seongsu)

크리에이티브×성수는 문화기술(CT) 페어를 중심에 두고 글로벌 문화창조산업 축제를 지향한다. 그러나 무엇보다 중요한 것은 축제를 찾은 관광객들이 도시 곳곳을 누비며 성수동의 진짜 매력을 체감하는 것이다.

볼거리, 먹거리, 즐길거리, 살거리가 촘촘하고 세심하게 기획되지 않는다면 성수동을 찾은 방문객들의 관심은 금세 식을 수 있다. 특히 성수동은 행정구역상 4개 동[27]이 결합한 비교적 넓은

---

27 행정동으로 성수 1가 1동과 2동, 성수 2가 1동과 3동을 합쳐 성수동으로 일컬어진다.

지역으로 도심 전반을 소개하고 알리는 작업 자체가 중요한 과제다. 이러한 맥락에서 기획된 프로그램이 바로 로컬 성수(Local Seongsu)와 테이스티 성수(Tasty Seongsu) 그리고 2025년부터 추가된 뷰티 성수(Beauty Seongsu)이다.

로컬 성수는 'Meet the Local'을 주제로 지역 주민이 주도하고 방문객이 직접 참여하는 체험 프로그램이다. 성수동 고유의 자원과 특색을 살려 지속가능한 로컬여행의 가치를 전파하고자 하였다. 특히 장애인과 비장애인이 함께 성수동을 누빌 수 있도록 '무장애 지도'를 제작, 접근성과 포용성을 높이는 데 주력했다.

또한 성수동을 시민들의 시선으로 재해석 한 '로컬픽(Local

Pick)'이라는 미니 투어 코스를 개발해 축제 기간 관광객에게 콘텐츠 형태로 제공하였다. 건축 자산을 중심으로 도시 곳곳의 건축물을 소개하는 '아키 성수(ARCHI Seongsu)', 매직과 분필, 수성페인트로 자유롭게 그리는 '랄라 성수', 그림책을 매개로 상상력을 확장하는 '그림책 팝업 놀이터' 등 다양한 프로그램을 함께 운영했다.

사부작사부작 걷고 꼼지락꼼지락 체험하는 과정에서 방문객들은 성수동의 속살을 들여다보고 도시의 다채로운 매력에 빠질 수 있도록 설계된 기획이었다.

테이스티 성수는 성수동을 대표하는 70여 곳의 F&B 매장과 협업해 지역 음식문화를 소개하고 축제와 상권이 함께 성장하는 상생 모델을 제시하고자 하였다.

크래프톤의 IP와 인프라를 활용한 'WWCD 치맥파티'를 통해 게임문화와 음식 상권을 결합하는 시도를 선보였으며, '스탬프 투어' 및 'F&B 이벤트'를 통해 방문객들이 다양한 로컬 맛집을 직접 탐방하고 경험할 수 있도록 유도하였다. 여기에 성동구의 대표 야시장인 '뚝도 청춘야시장'과의 협력을 더 해 풍성한 볼거리와 먹거리를 함께 제공함으로써 축제와 지역경제의 연결고리를 강화하였다.

2025년부터는 패션과 뷰티 산업을 융합하는 프로그램인 '뷰티 성수'가 새롭게 추가되었다. 화장품, 헤어용품, 패션, 액세서리 등을 중심으로 뷰티 산업에 종사하는 청년 창업가를 발굴·지원하고 관련 상품의 홍보, 판매, 투자 컨설팅을 통해 K-뷰티 산업의 새로운 가능성을 실험하는 장으로 펼쳐지고 있다.

뷰티 성수는 단순한 전시·판매를 넘어 도시문화와 뷰티산업이 교차하는 플랫폼으로 기능하며 크리에이티브×성수의 또 다른 성장축으로 주목받고 있다. 이 여정에는 국내 패션잡지를 선도해가고 있는 데이즈드 코리아를 중심으로 올리브영, 무신사, 청년 창업가들이 손을 잡고 머리를 맞대며 추진해 나가고 있다.

위 세 가지 로컬 프로그램은 문화기술(CT) 중심의 창조산업

축제를 일상적 삶과 도시 현장으로 확장하는 주요 동력이기도 하다. 도시를 체험하고, 맛보고, 스타일링하는 이 '로컬 성수'의 실험은 성수동이라는 공간을 축제의 무대로 재해석하는 작업이자 미래 도시문화의 창작소이기도 하다.

10. 도서관·미술관·박물관·공연장이 어우러진 문화편의점(Culture Space)

'문화편의점(Culture Space)' 구상은 전국의 국공립 도서관에 운영 시스템(OS)과 스마트 도서관 장비 등을 제작·납품하는 성수동 소재 기업의 제안에서 비롯되었다. CU나 세븐일레븐과 같은 생활편의점처럼 누구나 편하게 찾을 수 있는 문화편의점을 조성하면 주민들의 문화 접근성과 향유권을 획기적으로 개선할 수 있다는 아이디어를 제시했다.

그 순간 머릿속에 다양한 가능성이 떠올랐다. '그래, 문화기술(CT)을 접목한다면 한 공간 안에서 e북과 오디오북, 디지털 액자를 통한 그림 전시, 전광판을 활용한 미디어아트와 공연 실황, 홀로그램 유물 전시, 빔 프로젝션을 활용한 미디어파사드, 실감형 콘텐츠(AR·VR), 디지털 음악 감상까지 모두 가능하지 않은가. 여기에 게임과 웹툰까지 더해지면 진정한 도심형 문화복합공간이 탄생할 수 있겠구나.'

 하지만 문제는 공간 확보, 참여 기업 그리고 조성 예산이었다. 처음부터 완벽한 형태는 어려웠기에 우선할 수 있는 범위 내에서 모델하우스를 실험적으로 만들어보기로 했다.

 전례 없는 공간과 프로그램을 구상한다는 것은 결코 쉬운 일이 아니었다. 실무자 교육, 공간 구성, 콘텐츠 연계, 예산 절감까지 모든 과정을 촘촘히 설계하며 '문화편의점 모델하우스' 조성에 착수했다. 공간은 지하철 2호선 성수역 4번 출구 방면의 수제화 쇼케이스 공간(약 20평)으로 확정되었고 기존 디지털 전광판을 적극 활용해 예산을 절감했다.

 관내 업체인 (주)이씨오, 아츠클라우드, 서울웹툰아카데미, APLAYZ 등의 협조를 받아 로봇스틱 기술 기반 도서 대출·반

납 시스템, AI 기반 도서 추천 알고리즘, 디지털 아트 플랫폼, 맞춤형 음악 큐레이션, 홀로그램 전시 콘텐츠 등을 구성했다. 국립중앙박물관, 국립현대미술관, 한국콘텐츠진흥원의 협조를 받아 디지털로 전환된 미술품과 유물, 미디어아트 콘텐츠를 제공받기도 했다.

이렇게 조성된 문화편의점 모델하우스는 개방 후 많은 방문객의 호응을 받았으나 아쉽게도 공간 사용 제약으로 약 6개월 만에 운영을 종료하게 되었다. 그럼에도 이 실험은 디지털과 인공지능 기술을 통해 다양한 문화 인프라와 콘텐츠를 한 공간에 통합할 수 있음을 입증했으며 향후 K-컬처 기반 문화 ODA 모델로 확장될 가능성도 보여주었다.

이처럼 2023년 10월 파일럿 사업으로 출발한 크리에이티브X성수는 매해 규모와 내용 면에서 눈에 띄게 성장하고 있다. CT페어를 중심으로 9개 분야 49개 프로그램에서 시작된 이 사업은 불과 3년 만에 13개 분야 100여 개 프로그램, 관람객 30만 명, 참여 기업 400여 개, 기획·운영 인력 1,500여 명으로 확대되었다.

그러나 우리가 벤치마킹한 SXSW나 CES와 같은 국제 행사와 비교하면 역사와 인지도, 예산과 규모 면에서 아직은 '신생아' 단계다. 크리에이티브X성수가 건강하게 성장하기 위해선 더 많은 애정과 돌봄이 필요하다. 성장 과정에서 수차례 응급실을 찾는 일도, 멍들고 찢기고 아픈 날들이 찾아올 수도 있을 것이다. 그러나 새 생명이 태어나는 순간의 설렘과 기쁨을 기억한다면 미래에 대한 두려움보다 지금 이 순간 최선을 다하는 것이 더 중요함을 깨닫게 된다.

경험하지 못한 세계를 머릿속에 그려 구체화하는 것은 결코 쉬운 일이 아니다. 돌아보면 부족한 점도 아쉬움도 많다. 그러나 그 모든 시행착오 역시 과정이고 자산이다. 지금 우리가 내딛는 발자국이 훗날 누군가에게 더 정교한 결과물로 이어질 수 있는 이정표가 되리라 믿는다.

그래서 우리는 함께 걸어온 모든 과정의 기록과 사진, 영상 자료를 정리해 '크리에이티브X성수 백서'를 제작했다. 수많은 이들의 땀과 노력으로 완성된 결과물들이 축제가 끝나고 흔적 없이 사라지는 일은 없기를 바랐다.

기록은 귀찮은 일이지만 역사는 결국 반복되는 경험의 재구성으로 이루어진다. 성수에서의 이 첫걸음이 성공과 실패, 지속가능성의 문제를 넘어 지역의 다양한 구성원들이 어떻게 공감대를 형성하고 신뢰를 쌓아가며 지역 정체성을 만들고 있는지를 보여주는 하나의 문화적 사료가 되기를 기대한다.

3부

문화로 성장하는
세계의 도시

THE POWER
OF CULTURE
TO CREATE CREATIVE SEONGSU

문화로 성장하는
세계의 도시

도시의 탄생, 성장과 쇠퇴

 우리가 사는 도시를 일컬어 인류가 만들어낸 최고의 발명품이라고 주장하는 이가 있다. 하버드대학교 경제학자 에드워드 글레이저 교수는 저서 『도시의 승리』에서 도시가 생겨나면서 인류가 일정한 공간 안에서 생활하며 인간의 본질적인 특징[28]을 통해 서로에게 배우고 학습하면서 더욱 인간답게 만들었다고 말한다. 그의 주장을 빌리자면 인류는 일정 영역에서 공동체를 형성하였고 과거로부터 이어져온 다양한 지식과 경험을 공유하고 축적하면서 문명과 문화를 만들어 낼 수 있는 도시 형태의 기반을 만들었는데 역설적으로 인간이 만들어 낸 도시가 인류를 발전시키는 토대가 됨으로서 궁극적으로 인류 최고의 발명품으로 자리

---

28 심리학자 스티븐 핑커(Steven Pinker)는 도시생활의 원시적 형태인 집단적 삶은 "인간다운 지능이 발전할 수 있는 단초를 마련했다."라고 주장하였다.

매김하였다는 것이다.

현재 전 세계 약 80억명[29]의 인구 중 약 54%가 도시에 거주[30]하고 있다. 앞서 언급하듯 근현대의 도시화는 산업 인프라의 집중과 인구 쏠림 현상, 그에 따른 교통·통신망 확대, 사회 안전망 확충, 학교와 병원, 문화 인프라(도서관·박물관·미술관·공연장 등) 구축 등 자연발생적 현상이라기보다 국가 또는 도시계획 차원의 인공적 성격이 강하다고 볼 수 있다.

인류 4대 문명지로 일컬어지는 황하, 티그리스·유프라테스, 이집트, 인더스 문명지는 모두 큰 강을 끼고 있으며 비옥한 토지와 온화한 기후대를 바탕으로 채집·수렵 중심의 유목 생활에서 벗어나 농업에 기반한 정착 생활을 가능케 하는 토대를 형성하였다. 이러한 자연환경에 기반하여 수백 년에서 수천 년에 걸쳐 찬란한 문명을 탄생했지만 역설적으로 이들 지역은 가뭄으로 인한 대기근, 대홍수, 대지진 등의 자연재해와 인간의 탐욕, 전쟁에 따른 황폐화로 몰락의 길을 걷게 되었다. 그 유산은 그리스의 도시국가와 알렉산더 제국을 거쳐 로마제국으로 이어졌다. 이 시대부터 도시의 형성과 몰락은 자연환경의 영향보다는 인간의 지식과 경험, 축적된 잉여가치의 계승 여부 그리고 '뺏고 뺏앗기'는 힘의 논리가 우선하는 시대로 접어들었다고 볼 수 있을 것이다.

12세기부터 17세기까지 약 500여 년 동안 유럽 대륙은 그야말로 약육강식의 혼돈, 카오스 세계를 방불케 하였다. 수많은 지역에서 봉건영주들은 영토와 세력 확장을 위한 크고 작은 전쟁을 벌였으며 이를 해결하기 위한 방편 중 하나로 추진된 8차에 걸친 십자군 전쟁(1096년~1270년)은 끔찍한 상흔만을 남긴 채 결국 기독교 세력을 대표했던 유럽의 군주들과 교황청의 패배로 막을 내렸다.

이후 종교적 신념의 차이를 이유로 종교재판(1229년~1858년)[31]이 시작되었다. 종교재판을 통해 수천명에서 수백만 명에 이르는 동족 학살이 자행되었다. 여기에 더해 중세 유럽사회를 지탱하던 가톨릭 교황청이 1304년부터 1377년까지 로마에서 프랑스 아비뇽으로 이전되었고 약 70여 년간 세 명의 교황이 난립하

---

29 2년마다 UN에서 발표하는 세계 인구 전망자료, 세계인구 전망보고서(World Population Prospects 2022) 27번째 보고서 내용이다. 1975년 이래로 세계는 12년마다 약 10억명의 인구가 늘어나고 있고, 2011년 70억명으로 늘었고 2022년 11월에는 세계 인구가 80억에 이를 것이라는 전망치를 내놓았다.

30 유엔의 세계 도시화 전망 (World Urbanization Prospect 2018〉 통계에 따르면 전 세계적으로 약 1만여 개의 도시가 있으며, 1950년대 29%에 불과했던 도시에 거주하는 인구는 현재 54%에 이르고 있고, 2030년에는 약 66~68%까지 상승할 전망치를 내놓았다. 우리나라의 경우 1950~60년대 약 30%대이던 도시화율이 현재 약 90%이상으로 치솟은 상황이다.

31 이단을 색출하고 재판심문을 담당하기 위해 교황 그레고리오 9세가 1233년 도미니코 수도회에 역할을 부여함으로서 생겨났으며, 가톨릭과 프로테스탄트 종교분열이 시작되면서 남용되기 시작하였다. 1480년대~1530년대까지 약 2천여명이 종교재판의 희생자가 되었고, 1540년대~1700년대까지 약 820만명 이상이 처형되었다. 1858년 이탈리아 볼로냐에서 마지막 종교재판이 이뤄졌으며, 1908년 교황 비오 10세에 의해 이단심문이란 문구가 제외되었다.

는 상황이 이어졌다. 이를 둘러싼 추종 세력 간의 파문과 이단 논쟁은 사회와 가정 공동체를 심각하게 파괴했다. 같은 시기 영국과 프랑스는 왕위 계승과 영토 분쟁으로 116년에 걸친 백년전쟁(1337년~1453년)에 돌입했고 설상가상으로 흑사병이 창궐(1347년~1350년)하여 유럽 인구의 약 1/3이 사망하였다. 여기에 더해 1453년 오스만투르크는 콘스탄티노플을 함락하고 동로마 제국을 멸망시킨 후 신성로마제국 영토까지 세력권을 확장해 나갔다.

이 무렵 이베리아 반도를 통일(1492년)한 카스티아의 이사벨 여왕과 아라곤의 페르난도 2세는 스페인을 유럽의 새로운 패자로 부상시켰다. 이들은 크리스토퍼 콜럼버스를 후원해 아메리카 신대륙을 발견하게 하였고 이로써 식민지 쟁탈전의 서막을 열었다. 1517년 마르틴 루터는 비텐베르크 교회 문에 '95개조 반박문'을 게시하며 종교개혁운동을 시작했다. 영국의 헨리 8세는 왕비와의 이혼 청원을 교황 클레멘스 7세가 거부하자 1534년 수장령(Act of Supremacy)을 통해 영국 국왕이 영국 교회의 최고 수장임을 선언하며 국교회를 설립하고 로마 가톨릭과 단절하였다.

이 시기 독일의 요하네스 쿠텐베르크는 1434년 인쇄술을 발명함으로써 그간 성직자와 귀족의 전유물이었던 성경이 일반 시민들에게도 보급되기 시작했다. 이어 1526년 윌리엄 텐테일에 의해 영어성경이 번역되어 성경의 다양한 해석과 신학적 논의의 장이 열리게 되었다. 한편 천동설과 천지창조론에 기반 한 기독교적 세계관은 신대륙발견과 인쇄술의 보급 그리고 아이작 뉴턴의 만유인력 법칙(1687년), 찰스 다윈의 진화론 등 과학적·합리주의적 세계관의 도전에 직면하며 혼란과 격동의 시기로 접어들게 되었다.

또한 유럽 전역에서는 각 종파 간 30년 종교전쟁(1618~1648)이 벌어졌으며 1648년 로마 가톨릭과 신성로마제국 황제가 종교다원주의를 사실상 인정하는 '베스트팔렌 조약'을 체결함으로써 마무리되었다. 이는 근대 국가 질서의 토대를 마련한 역사적 전환점으로 평가된다. 그럼에도 불구하고 유럽 대륙에서 여전히 종교 탄압과 학살이 자행되었고 이에 종교의 자유를 추구한 이들이 신대륙으로 이주하기 시작했다. 1620년 청교도들이 메이플라워호를 타고 아메리카 대륙으로 도착한 것을 시작으로 1682년에는 윌리엄 펜이 퀘이커 교도들과 함께 펜실베니아주로 이주해 '모든 일신론 신앙인에게 종교의 자유를 보장한다'는 원칙을 천명하며 주도시의 이름을 '필라델피아(형제의 도시)'로 명명했다. 이처럼 무자비한 탄압과 가혹한 종교재판을 피해 청교도를 시작으로 루터파, 복음주의파, 칼뱅파, 가톨릭 신자들까지 신대륙으로 이주하면서 미국은 다양한 종파가 공존하는 거대한 종교시장으로 변모하였다.

이처럼 1,200년대부터 1,700년대까지 유럽 대륙의 정치·사회적 환경은 그야말로 격변의 시기였다. 서기 476년 서로마제국의 멸망 이후 프랑크 왕국을 거쳐 로마 교황청을 중심으로 한 가톨릭 성직자 세력과 신성로마제국의 황제·귀족 세력이 주도권을 놓고 갈등하던 중세의 '암흑시대'가 서서히 저물고 17세기~18세기에 이르러서는 이를 대체하는 시민 계층, 자본가 부르주아 세력이 서서히 부상하는 시대적 전환이 시작되었다.

그 사이 경제체제를 지탱하던 산업 형태도 농업 중심에서 상업 중심으로 그리고 기술혁신에 따른 기계화·분업화를 근간으로 한 공업 중심의 구조로 변화해 갔다. 유럽의 패권도 스페인에서 프랑스를 거쳐 영국으로 점차 이동하였고 이 과정에서 수많은 도시들이 흥망성쇠를 거듭했다.

인간의 힘으로 감당할 수 없었던 거대한 자연재해로 파괴된 고대 도시들—예를 들어 수메르 문명의 근원지 우르(Ur)나 화산 폭발로 흔적도 없이 사라진 폼페이(Pompeii)—은 차치하더라도 중·근대 유럽에서 상업 중심지로 성장했던 이탈리아 베네치아, 스페인 세비아, 포르투갈의 리스본과 포르토, 인문학의 본고장이라 일컬어지는 피렌체 그리고 18세기 중반 이후 산업혁명과 함께 공업 및 상업중심지로 부상한 영국의 맨체스터와 칼라일 등 수많은 도시의 역사는 산업형태와 권력 구조의 변화에 따라 그 운명이 어떻게 바뀌어 왔는지를 단적으로 보여준다. 이는 오늘날 우리가 세계 곳곳의 도시들을 바라보며 그들의 과거와 현재를 함께 통찰해야 하는 이유이기도 하다.

인간의 집단 거주를 촉발한 도시의 형성과 관련하여 고든 차일드(V. Gordon Childe)는 이를 '도시혁명(Urban revolution)'[32]이라고 명명한 바 있다. 그는 『신석기혁명과 도시혁명』에서 기술의 축적과 발전 그리고 잉여 식량의 자본화 가능성을 도시혁명의 근본적인 원인으로 보았다. 특히 사회 의존적인 지역에서 상품의 교환 및 분배 과정을 거치면서 부의 집중과 계층의 분화가 나타났고 이를 통해 인구 집중 현상과 도시문명이 탄생했다고 주장하였다.[33] 18세기 중반부터 19세기 중반까지 영국을 시작으로 유럽과 전 세계로 확산된 산업혁명 이전까지 도시의 발전 과정은 고든 차일드가 주장한 도시혁명의 흐름에서 크

---

32 V. Gordon Childe, 『신석기혁명과 도시혁명』, 김성태, 이경미 역, 주류성, 고든 차일드는 도시문명의 단계를 주거 규모의 확장, 부의 집중, 대규모 공공사업, 출판물, 대표성을 띤 예술, 정밀과학지식, 해외무역, 생존에 직접 관계되지 않는 분야를 직업으로 하는 전문인력, 계층화된 사회, 친족관계보다 주거지를 중심으로 한 정치조직 등 10가지 기준으로 제시하였다.

33 이승권, 「동양과 서양의 문화도시-유럽문화도시와 동아시아문화도시」, 한국프랑스 문화학회, 2016

게 벗어나지 않는다.

그러나 산업혁명 이후 도시의 성장과 쇠퇴 양상은 이전과는 전혀 다른 양상을 보여준다. 2016년 스위스 다보스에서 열린 세계경제포럼(WEF)에서 클라우스 슈밥(Klaus Schwab)은 '4차 산업혁명'이라는 개념을 제시하며 산업혁명의 발전 과정을 다음과 같은 4단계로 구분하였다. ▲섬유 제조업의 기계설비와 철강, 철도, 증기기관에 의지하던 1차 산업혁명 ▲중화학공업과 석유, 전기, 내연기관 등 과학화를 통한 2차 기술혁명 ▲컴퓨터와 인공위성, 인터넷으로 대변되는 3차 정보혁명 ▲인공지능(AI)과 로봇공학, 바이오산업, IoT 등 단순히 기기와 시스템을 연결하고 스마트화하는데 그치지 않고 훨씬 넓은 범주까지 아우르는 4차 산업혁명이 그것이다.

어찌 보면 앞서 언급한 도시들을 포함하여 모든 도시들은 1차 농업시대, 2차 제조업시대, 3차 금융서비스 시대를 거치며 산업혁명 이후 산업 형태 중심으로 재편된 기계혁명, 기술혁명, 정보혁명 시대를 견뎌내기 위해 생존의 몸부림을 앓았는지도 모른다. 이처럼 18세기 중반에 시작된 영국의 산업혁명은 인간의 삶의 방식뿐 아니라 도시의 역할과 기능에도 많은 변화를 불러왔다. 특히 대량생산을 위해 조성된 공장지대로 인구가 집중되면서 발생한 노동력 쏠림 현상은 수백 년에서 수천 년 동안 이어져 온 삶의 터전을 붕괴시켰고 계층분화에 못지않은 도시 간 격차와 갈등을 초래하였다. 이 시기부터 지역공간의 성격은 생산하는 상품에 따라 농촌과 도시로 명확히 구분되기 시작했으며 이러한 초기 산업화는 역사적·공간적으로 근대도시의 출현을 이끌었다. 동시에 도시를 중심으로 하는 근대적 사회관계[35]도 형성되기 시작했다

여기서 주목할 점은 자연재해로 인한 도시의 황폐화나 소멸을 제외하면 수천 년 동안 더디게 진행되던 도시의 흥망성쇠가 1차 산업혁명 이후 200여 년 사이에 지나치게 **빠른** 속도로 진행되고 있다는 점이다. 섬유, 철강, 조선 등 제조업 기반의 대규모 공업·광산업 도시들은 20세기 중·후반 정보화 사회로 접어들면서 급속히 쇠퇴의 길을 걷기 시작했다.

그러나 도시 쇠퇴를 단순히 산업화 사회에서 정보화 사회로의 구조 전환에 따른 결과로만 보기는 어렵다. 보다 내면적으로 살펴보면 산업화에 따른 급속한 도시화로 인구가 과도하게 집중되면서 다양한 사회 문제가 누적되어 왔다. 교통, 통신, 치안, 교육, 의료, 복지 등 복잡한 생활환경 문제들이 누적되었고 이는 점차

---

35 유승호, 『문화도시』 일신사

도시 기능의 약화를 초래하였다.

이러한 도시 쇠퇴(urban decline) 현상[36]은 특히 오랜 도시화의 역사를 지닌 기성 대도시들에서 나타나며 인구 감소, 고령화, 건물 노후화, 슬럼화 등 도시 기능을 저하시키는 문제들을 발생시킨다. 고소득층이나 지식층이 보다 쾌적한 환경을 찾아 도시를 이탈하게 되면서 도시의 세수는 줄어들고 이는 다시 도시의 재정 기반을 약화시키며 쇠퇴를 가속화하는 악순환이 이어진다.

이 같은 도시 쇠퇴 현상은 1980년대 초반 오일쇼크와 같은 세계적인 경기침체[37]를 겪으면서 더욱 심화하였다. 당시 미국은 더블딥(Double Dip) 경제침체를 겪었고 1970년대 후반부터 1980년대 초반까지 대부분의 선진국들은 높은 실업률과 심각한 경제 위기를 동시에 경험하였다. 결국 산업구조의 변화, 경기침체, 도시환경 악화가 맞물리면서 인구가 도시를 떠나고 이에 따른 기업의 구인난과 투자 위축, 도심 상권의 붕괴, 일자리 부족 등 악순환이 반복되며 도시의 쇠퇴가 본격화되었다. 인간은 도시를 통해 자신의 욕구를 충족시키고 행복한 삶을 꿈꾸지만 도시가 제 기능과 역할을 하지 못할 때 도시 구성원들은 다른 도시를 찾아 언제든 떠날[38] 수 있는 '도시 소비자'로 변화한다는 점이다.

이런 가운데 도시의 미래를 설계하고 운영하는 정책 담당자들과 도시 구성원들은 쇠퇴하는 도시에 활력을 불어넣고 성장 동력을 마련하기 위한 다양한 정책적 시도[39]를 전개해 왔다. 초기에는 도로를 정비하고 건물을 새롭게 리모델링하는 등 기존 유휴 설비와 인프라를 물리적으로 개선하는 재건축과 재개발 사업에 초점을 맞추었다. 그러나 변화하는 산업 구조와 지속가능한 미래 비전을 충족시키지 못한 도시 재생 사업은 곧바로 한계에 봉착하였다. 도시를 형성하고 발전시키는 핵심은 인간이며 인간이 모여 시민 공동체를 이루는 만큼 도시 재생은 도시 구성원의 욕구를 충족시켜 줄 수 있도록 설계되고 추진되어야 한다. 변화하는 산업구조에 능동적으로 대응하면서 공동체의 삶의 질을 높이는 방식일 때에야 비로소 성공사례가 가능하다. 그런 측

---

36 도시 쇠퇴화(urban decline) 현상은 도시화의 오랜 역사를 가진 기성 대도시 지역에서 인구감소, 고령화, 건물의 노후화, 슬럼화 등 도시기능을 약화시키는 여러 가지 문제를 발생시키고 있다. 특히 고소득자나 지식층이 쾌적한 환경을 찾아 도시에서 이탈하여 도시의 세수가 줄어들게 되고, 그로 인해 도시가 점점 쇠퇴하는 경향을 이야기 한다.

37 1980년 오일쇼크 등으로 미국은 더블딥의 경제침체를 겪었으며, 1970년대 후반~1980년대 초반 사이에 대부분의 선진국들이 심각한 경기침체와 높은 실업률을 경험하였다.

38 미국의 디트로이트가 가장 대표적인 도시이다. 5대호 연안 중공업지대의 전형적인 공업도시로 제너럴 모터스, 포드, 크라이슬러 등 3대 자동차 회사가 입점하며 세계 자동차 공업의 중심도시로 부상하였다. 1950년대 디트로이트는 인구 약 185만명의 거대 도시였으나 이후 10년을 주기로 약 20만명씩 이탈하기 시작하였고, 특히 1970년대 오일쇼크가 닥쳐오면서 연료 효율이 높고 저렴한 일본산 토요타, 혼다, 닛산 등이 대량 수입되면서 결정적인 타격을 입으며 인구가 다른 도시로 급속히 이동하는 스프롤 현상을 경험하였다.

39 문화체육관광부, 『문화를 통한 지역재생 정책추진 방안 연구』재인용, 도시문제를 해결하기 위한 노력은 1950년대 이후 지속적으로 전개되어 왔는데, 1950년대 도시재건축(urban reconstruction), 1960년대 도시재활성화(urban revitalization)를 거쳐, 1970년대 도시전면재개발(urban renewal), 1980년대 도시재개발(urban redevelopment)등을 들 수 있다.

면에서 미래의 산업구조는 클라우스 슈밥이 언급했듯 인공지능(AI), 바이오산업, 나노기술, 로봇공학, 챗-GTP, 사물인터넷(IoT) 등 인류가 지금까지 경험해보지 못한 4차 산업혁명 시대를 대비해야 한다.

그렇다면 도시를 형성하는 사람들, 즉 시민들의 욕구는 무엇일까? 인간의 삶의 질을 결정하는 욕구는 우선적으로 경제적·보호적 욕구, 즉 먹고 사는 문제와 전쟁, 기아, 자연재해 등 외부 위협으로부터 생존의 문제를 해결하는 데서 출발한다. 다음으로 사회·복지적 욕구를 들 수 있으며 마지막으로 인간으로서 삶의 질을 추구하는 문화적 욕구로 이어진다.

과거 산업이 발전하면서 기본적인 생존 문제가 일정 부분 극복될 즈음 사회양극화에 따른 빈부격차가 심화되었고 노동환경, 교육, 의료, 복지 등 공동체가 해결해야 할 사회·복지적 문제들이 표면화되기 시작했다. 이를 극복하는 방안으로 법과 제도의 도입, 시스템 개선 등을 통해 사회안전망 구축이 전개되었다.

이제 남은 과제는 구성원 개개인이 인간으로서 누리고 즐기며 삶의 가치를 확장하고자 하는 문화적 욕구를 어떻게 충족시킬 것인가이다. 이런 맥락에서 산업혁명 이후 공업과 산업중심으로 성장하다 쇠퇴의 길을 걸었던 도시들이 주목한 새로운 돌파구가 바로 '문화'이다. 이미 세계 많은 도시들에서 성장동력으로서 수십 년간 방치되었던 광산, 발전소, 제철소, 대형 창고와 정미소 등이 문화적 요소와 결합되어 재활용·재개발되면서 도시재생 전략의 성공사례[40]를 만들어내고 있다.

도시와
문화의 만남

정책적 측면에서 도시재생사업은 쇠퇴한 도시에 새로운 기능을 부여해 경제적, 사회적, 물리적으로 활력을 불어넣고 도시를 부흥시키는 것을 의미[41]한다. 경제적 측면에서는 도시의 균형적 발전과 자족 가능한 경제기반을 구축함으로써 고용 창출과 소득 증대를 함께 고민해야 한다. 사회적 측면에서는 도시를 구성하는 시민들의 자발적인 참여를 바탕으로 도시의 정체성을 확립해 나가야 하며 물리적 측면에서는 낙후된 도시 경관을 개선하고 도시의 기능을 회복하는 데 초점을 두고 있다. 그렇다면 '문화'를

---

40 독일의 졸페라인은 약 135년 동안 '검은 황금'이라고 불리는 석탄과 코크스 제조 시설을 갖춘 유럽 최대의 광산이었다. 그러나 산업화 시대를 지나면서 졸페라인 광산이 문을 닫자 수천명의 실업자가 발생하였고, 광산 일대의 오염은 극에 달하였다. 그러나 레드닷 디자인 박물관, 루르 박물관 등이 들어서고 디자인 관련 기업과 학교를 유치함으로써 오늘날 독일을 대표하는 창조산업 중심지로 재탄생하였고, 2001년 유네스코 세계문화유산으로 등재되었을 뿐 아니라 2010년 유럽의 문화수도로 선정되었다.

41 성동구 홈페이지 도시재생 참고

매개로 한 도시재생이 이 같은 경제적·사회적·물리적 과제를 해결할 수 있을까? 더 나아가 문화도시로 성장해 나갈 수 있을까?

문화도시를 한마디로 명확하게 정의하기는 쉽지 않지만 세계 각국의 다양한 사례를 통해 확인할 수 있는 사실은 분명하다. 문화는 도시에 활력을 불어넣고 고부가가치 문화산업[42]으로 성장하며 도시 경쟁력을 창출하는 핵심 자산이 되고 있다는 점이다. 주지하다시피 문화가 부를 창출하고 도시나 국가 경제를 지탱할 수 있는 중심축으로 인식되기 시작한 것은 비교적 최근의 일이다. 1990년 덴마크 코펜하겐대학교 피터 듀엘룬(Peter Duelund) 교수는 문화의 경제·산업적 활용을 컬처노믹스(Culturenomics)라고 정의한 바 있다. 컬처노믹스는 브랜드 개발이나 기업 마케팅에 문화적 요소를 결합함으로써 경제적 부가가치를 창출하는 과정을 논리적으로 설명함으로써 문화의 경제적 가치에 대한 의미를 나타내는 용어로 자리매김하였다.

이처럼 문화가 경제와 결합하면서 문화를 활용한 새로운 도

---

42 문화산업(文化産業, culture industry)이라는 용어는 프랑크푸르트학파의 대표적인 철학자 테오도르 아도르노(Theodor L. W. Adorno, 1903~1969)와 막스 호르크하이머(Max Horkheimer, 1895~1973)가 1944년 공동으로 저술한 《계몽의 변증법 Dialectic of Enlightenment》에서 처음으로 등장하였다. 그들은 문화산업을 예술문화와 대립되는 개념으로 간주하고, 현대 사회에서 문화산업이 문화를 동질화, 규격화, 표준화, 상업화시킨다고 비판하였다. 그러나 1950년대 이후 정보통신기술의 발달로 세계가 점차 개방되고 대중문화가 산업화를 통해 경제적 부가가치가 창출되면서 문화산업에 대한 인식변화가 이뤄졌다. 두산백과 두피디아 참고

시경제의 모델이 만들어지기 시작했다. 도시가 보유한 문화자산과 예술 자원을 재발견하고 이를 도시발전의 모델로 적극 활용하려는 시도들이 등장한 것이다. 그 대표적인 사례가 유럽의 문화도시 프로젝트이다.

초기 유럽의 문화도시 프로그램은 도시의 문화성과 예술성, 인본주의에 바탕을 둔 도시미학에 초점을 맞추고 있었다. 그러나 1990년대에 접어들면서 영화, 영상, 드라마, 디지털 콘텐츠, 문화마케팅 등 문화산업 전반으로 그 영역이 확장되었고 2000년대에는 하이테크 산업, 게임, 엔테테인먼트, 예술미학, 감성마케팅 산업 등 보다 적극적인 도시 창조산업으로 발전하였다. 특히 2010년대 이후에는 정보통신기술(ICT)과 바이오기술(BT) 산업의 발전과 함께 문화기술(CT)산업이 국가와 도시의 성장 동력산업으로 부각되었다. 이는 문화예술, 문화콘텐츠, 관광산업으로의 확장을 넘어 지역의 전통문화와 문화자원을 발굴·활용하려는 다양한 정책적 시도로 이어지고 있다.

영국 스코틀랜드의 글래스고는 문화를 통한 도시재생의 대표적인 성공사례로 꼽힌다. 글래스고는 산업혁명의 시작과 함께 조선과 해양공학 산업의 중심지로 부상했고 빅토리아 시대에는 '대영제국의 제2도시'로 불리기도 했다. 그러나 조선업이 쇠퇴하면서 인구 유출과 함께 도시는 황폐해지기 시작하였다. 1960년대부터 본격적인 도시재생 사업이 추진되었으나 별다른 전환점을 찾지 못하던 중 조선업계의 대부호였던 윌리엄 버렐(William Burrell)과 그의 부인 콘스탄츠 버렐이 평생 수집한 9,000여 점의 미술품과 유물을 시(市)에 기증하면서 전환점이 마련되었다. 이를 계기로 1983년 버렐 컬렉션(The Burrell Collection) 미술박물관이 개관하였고 이후 시정부와 시민이 협력하여 본격적인 문화재생 프로젝트가 전개되었다.

'글래스고! 더할 나위 없다(Glasgow Miles Better)'라는 구호 아래 스코틀랜드 오페라단, 발레단, 왕립 오케스트라가 창설되고 현대미술관, 로열콘서트홀, 전시컨벤션센터가 조성되었으며 국제 정원박람회도 유치하였다. 이와 같은 노력의 결과 글래스고는 1990년 유럽의 문화수도로 선정되면서 '유령의 도시'라는 오명을 벗고 문화와 예술의 도시로 화려하게 부활할 수 있었다.

글래스고의 성공은 영국 정부가 창조산업(Creative Industry)의 비전과 전략을 수립하는데 중요한 모티브가 되었다. 1997년 총리로 취임한 토니 블레어는 '미래의 창조 : 문화, 예술, 창조적인 경제를 위한 전략'을 발표하며 제조업과 금융 강국이던 영국이 미래 경제를 책임질 대안 산업으로 '창조산업'[43]을 제시하였고 ICT(Information & Communications Technology)와 결합한 문화산업의 중요성을 공개적으로 천명했다.

이러한 흐름은 상류계급이나 지식계층만이 향유하던 문화예술과 문화콘텐츠가 지난 30여 년간 다양한 시도를 통해 경제적 부가가치를 창출하는 산업 자원으로 전환되었음을 시사한 것으로 미래 세계경제를 이끌어갈 핵심 가치로서 창조산업이 재정의되고 있음을 의미한다.

이 같은 현상은 우리나라 경제에서도 쉽게 확인할 수 있다. 2021년 기준 게임, 만화, 영화 등 문화콘텐츠산업의 전체 매출액[44]은 약 137.5조원에 달하며 해외수출액도 약 124.5억 달러(한화 15.8조원)에 이른다. 이처럼 문화콘텐츠산업은 규모와 성장 속도, 파급 효과에 이르기까지 국가와 도시 경제는 물론 구성원의 삶까지 크게 영향을 미치는 산업으로 성장하고 있다. 이처럼 문화는 단순한 소비의 대상이 아니라 도시의 이미지와 브랜드를 개선하고 창출하는 전략 자산이 되었다. 실제로 문화를 통해 도시

---

43 영국 문화미디어스포츠부(DCMS)에 따르면 영국 창조산업은 '개인의 창의성이나 능력, 재능을 기반으로 지적재산 개발을 통해 부와 일자리를 창출하는 산업'으로 정의하고 있다. 영국정부가 제시한 9대 창조산업 분야로는 ①광고 및 마케팅 ②건축 ③공예 ④디자인(제품, 그래픽, 패션) ⑤영화, TV, 비디오, 라디오, 사진 ⑥IT, 소프트웨어 및 컴퓨터 서비스 ⑦박물관, 도서관, 갤러리 ⑧음악, 퍼포먼스 ⑨출판이다.

44 문화콘텐츠산업 중 매출액 기준으로 보면 출판(24.7조원), 방송(24.0조원), 게임(21.0조원), 광고(18.9조원), 음악(9.4조원), 영화(3.2조원), 만화(2.1조원) 순이다. 문화체육관광부,「통계로 보는 주요업무」2023 참조

이미지를 쇄신하고 쇠락해가던 도시에 활력을 불어넣으며 지역 경제를 활성화하는 데 성공한 다양한 사례들을 살펴보자.

자신의 시장을 창조하는 문화

도시는 그 환경이나 기능에 따라 다양한 형태로 분류된다. 지리적·환경적 기준에 따라 항구도시, 관광도시, 역사도시 등으로 구분되며 세계도시[45], 혁신도시[46], 금융도시, 군사도시, 외교도시처럼 경제·정치·외교적 역할을 중추적으로 수행하는 도시에 기능적 의미가 부여되기도 한다.

앞서 언급한 '문화도시'는 산업화 과정에서 형성된 많은 도시들이 산업구조의 변화로 인해 기존의 기능을 상실하거나 다양한 사회적 문제로 인해 도시 소비자들에게 외면 받는 상황에서 문화를 통해 도시에 활력을 불어넣고 새로운 성장모델을 만들었거나 또는 만들어 가는 도시를 말한다. 이러한 문화도시는 단지 쇠락한 도시의 대안적 성장모델일 뿐 아니라 다른 도시 유형들과는 구별되는 고유한 특성을 지닌다.

이집트 카이로에서 태어나 영국에서 활동 중인 역사학자 도널드 서순(Donald Sassoon)[47]은 『유럽문화사』에서 '문화는 자신의 시장을 창조 한다'고 주장하였다. 비교사학자인 그는 서구 유럽의 역사를 고증하면서 춤과 노래, 생활양식 등이 초기에는 구전으로 전해지다가 문자의 발명 이후 기록을 통해 전승되기 시작했음을 지적한다. 그러나 문자의 습득과 활용은 오랫동안 상류층의 전유물이었기 때문에 자연스럽게 문화는 상층문화와 하층문화로 구분될 수밖에 없었다고 말한다. 그의 주장에 따르면 이후 시민의 권리가 확대되고 민주주의가 발전하면서 대중이 문화의 주체로 등장하게 되었고 대중문화는 거대한 문화산업으로 성장하며 국가와 도시의 경쟁력을 결정짓는 핵심 요소로 부상했다는 것이다. 이 같은 맥락에서 문화도시에 주목할 점은 모든 문화가 스스로를 먹이로 삼아 순환한다는 것이다. 즉 작가와 예술가

---

45 미국 사회학자 사스키아 사센(Saskia Sassen) 교수가 1991년 제시한 개념으로 2001년 출판한 그의 저서 『The Global City: New York, London, Tokyo』에 등장한다. 세계도시는 기능적으로 대기업 및 다국적 기업의 본사가 집중되고 그에 따른 자본과 정보가 축적되면서 순차적으로 국제금융기구, 대형 로펌(law firm) 등 금융서비스업이 모여들면서 세계적인 도시로 발전하였다. 위키백과 참고

46 신도시(革新都市, Innovation City)는 행정중심복합도시 사업과 연계하여 과거 노무현 정부가 추진한 지방균형발전사업의 일환으로 전개되어 서울과 수도권에 집중된 공공기관의 지방이전 및 산(産)·학(學)·연(硏)·관(官)이 서로 협력하여 지역의 성장 거점지역을 조성한다는 전략에서 시작된 우리나라 미래형 도시를 말한다. 혁신도시는 4가지 유형으로 추진되었는데 지역별 테마를 가진 특성화 도시, 지역발전을 선도하는 혁신거점 도시, 학습과 창의적 교류가 활발한 교육·문화도시, 누구나 살고 싶은 친환경 녹색도시 등이다. 국토교통부 혁신도시발전추진단 홈페이지 참조

47 도널드 서순(1946년~)은 버크벡 런던대학교에서 에릭 홉스봄의 지도아래 박사학위를 취득하였고 퀸 메리 런던대학교에서 유럽비교사 교수로 재직하고 있다. 나무위키 참조

는 단순한 창작자가 아니라 동시에 문화의 소비자로서 다양하고 풍부한 창조물을 생산하고 그것에 대한 새로운 소비 욕구를 자극한다는 점이다. 이는 인간이 다른 사람이 갖고 있지 않은 것을 원하면서 동시에 모두 다 갖고 있는 것을 충족하려는 욕구가 항상 내재되어 있는데 무엇보다 문화를 소비하는 과정에서 생산과 유통, 판매를 시장에 의존하며 발전[48]한다고 강조한다.

문화를 매개로 변화와 발전을 꿈꾸는 시도들은 특정 지역이나 문화권에 국한되지 않고 전 세계적으로 광범위하게 전개되고 있다. 대표적인 사례로는 아랍 문화수도(The Cultural Capital of Arab)[49], 아메리카 문화수도(Organization Capital Americana de la Cultura)[50], 유네스코 창의도시 네트워크, 동아시아 문화도시 등이 있으며 국내의 경우 광주 아시아문화중심도시, 부산 영상문화도시, 전주 전통문화도시, 경주 역사문화도시 등

---

48 도널드 서순, 오숙은 등 역, 『유럽문화산 1~5』, 2012, 뿌리와이파리

49 아랍의 문화수도는 유네스코 문화수도 프로그램 일환으로 아랍연맹(Arab League, 중동의 평화와 안전을 확보하고 주권과 독립을 수호하기 위해 1945년 창설된 국가연합 기구) 산하 아랍교육문화과학기구(ALECSO) 주관으로 추진하고 있다. 1996년 이집트 카이로가 첫 번째 아랍 문화수도로 선정 된 이후 매년 1개의 도시를 선정하고 있는데 2023년 레바논 트리폴리까지 총 28개 도시가 선정되었다.

50 아메리카 대륙의 문화에 대한 인식을 높이고 도시홍보를 목적으로 아메리카 문화수도 기구(American Capital of Culture Organization)의 지원을 받아 추진하는 사업으로 2000년 멕시코 메리다를 시작으로 2023년 멕시코 아과스칼리엔테스까지 진행하였다.

이 이에 해당한다. 이처럼 국가별 또는 대륙별 통합과 결속을 도모하고 도시 홍보와 경쟁력 강화를 위해 문화를 주요한 전략적 모티브로 활용하고 있다.

이들 도시와 국가들이 모델로 삼고 있는 것이 바로 유럽의 문화수도(European Capital of Culture) 프로젝트이다.

문화를 매개로
통합을 이끄는 유럽

유럽문화수도 프로젝트는 1985년 6월 유럽연합 각료이사회(The Council of Ministers of the European Union)에서 그리스 문화부 장관이었던 멜리나 메르쿠리(Melina Mercouri, 1920~1994)의 제안으로 본격화되었다. 1920년 그리스 아테네의 정치 명문가문에서 출생한 그녀는 1945년 국립극단에 입단해 배우로 활동했다. 니코스 카잔차스키의 소설 『그리스인 조르바』를 각색한 영화에 출연하여 1960년 칸느 영화제에서 여우주연상을 수상하기도 했다.

그러나 1967년 그리스에 군사독재 정권이 들어서자 이에 반대하는 운동에 참여했다가 시민권을 박탈당하고 미국으로 추방되는 고초를 겪었다. 망명 중에는 프랑스에서 배우와 샹송 가수로 활동했으며 이후 진보정당인 범 그리스 사회주의 운동에 참여하다 군사정권 붕괴 후 귀국하여 1981년부터 1989년까지 그리스 문화부 장관을 역임했다.

장관 재임 중 그녀는 영국 대영박물관에 소장된 파르테논 신전의 외벽에 장식되었던 엘긴 마블스(Elgin Marbles) 부조(浮彫) 반환운동을 주도하기도 했다. 이처럼 문화예술가·사회활동가에서 그리스 문화부 장관으로 활동한 그녀가 1985년 제안한 유럽문화수도 사업은 오랜 전통과 역사, 문화에 자부심이 강했던 유럽인들에게 강한 울림을 주었고 산업구조 변화로 쇠락해가는 도시들에게 새로운 활력을 불어넣는 계기를 마련했다.

물론 유럽 국가들에서 이와 유사한 논의가 전혀 없었던 것은 아니다. 프랑스의 경우 1970년대 초반부터 중앙정부와 지방정부 차원에서 도시별 문화정책을 추진해 왔지만 시급성, 경제성, 예산상의 문제 등의 이유로 정책 후순위에 밀려나 있는 상황이었다.

18세기 산업혁명의 성공과 함께 항해술을 비롯한 과학기술의 발전을 선점한 유럽은 세계 곳곳을 누비며 식민지를 개척하고 황금만능이 지배하는 물질적 풍요를 누렸다. 최소한 왕족, 귀족, 자본가 계층에게 그 시절 유럽은 지상낙원이나 다름없었을 것이다.

그러나 인간의 탐욕이 낳은 두 차례 세계대전이라는 대재앙이 닥치기 전까지 그리고 그 참혹한 현실이 눈앞에 펼쳐지기 전까지 인류는 그 탐욕과 성취에 취해 있었다. 결국 스페인, 포르투갈, 네덜란드, 프랑스, 영국, 독일, 이탈리아 등 유럽열강은 100~150여년 남짓한 시간 만에 세계 주도권을 미국과 소련에 송두리째 넘겨주고 말았다.

당시 유럽인들은 그 충격적인 전환을 어떻게 받아들였을까?

파리 제1대학(팡테옹 소르본) 역사학 교수인 장 바티스트 뒤로젤(Jean-Baptiste Duroselle)은 『유럽의 탄생』에서 유럽의 본질을 "기독교의 전통"이나 "세속적 자유의 쟁취", "이성과 합리의 세계", "민족주의의 각축장" 또는 "시민사상의 요람"이라고 단정하는 것은 오히려 유럽에 대한 왜곡된 시각에 벽돌 한 장을 더 얹는 것일 뿐일지도 모른다고 말한다.

그는 역사적으로 유럽이 끊임없이 통합을 이야기해 왔으며, '원칙 통일', '다양성 속의 통합', '상호 동의에 의한 연합' 등의 다양한 방식들이 시도되어 왔지만 오늘날 이러한 방식들이 모두 사라지고 있다고 지적한다. 그러면서 제2차 세계대전이 남긴 폐허 위에서 새로운 유럽 통합 운동이 다시 시작되고 있다고 강조한다.

열렬한 드골주의자이자 유럽 통합론자였던 뒤로젤은 유럽 석

탄·철강공동체(ECSC, European Coal and Steel Community, 1952년)의 창립에 기여한 프랑스의 장 모네(Jean Monnet, 1888~1979)[51]와 뜻을 같이하며 단순한 통합 경제권의 틀을 넘어서서 유럽을 점진적인 정치적 통합의 길로 이끌기 위해 힘썼다. 나아가 뒤로젤은 유럽 공조를 위한 프랑스 측 자문위원으로 활약하면서 1967년에 설립된 유럽공동체(EC, European Community)[52]의 탄생에 일익을 담당하기도 하였다.

뒤로젤을 비롯한 유럽 통합의 초기 기획자들은 상생의 틀 안에서 몰락해 가던 유럽 국가들이 과거에 누렸던 권력과 영향력을 복원할 수 있는 길을 모색하였다. 그 방안 중 하나가 당시까지 최고선으로 여겨졌던 '국민' 또는 '민족'의 가치를 축소시키고 문화적 동질성과 지정학적 이점을 담아낼 수 있는 가장 자연스럽고 실질적인 틀 즉 '유럽 안에서의 연합'이라는 가치를 고양하는 것이었다.[53]

그러나 유럽 통합의 과정에서 문화는 일상 속에 깊숙이 스며든 익숙한 것으로 여겨졌기 때문에 그것이 갈등의 불씨가 될 것이라고는 누구도 예상하지 못했다. 하지만 유럽 통합이 가속화되면서 경제적·행정적 통합의 가장 큰 장애물은 바로 상호 이해와 인식의 부족이라는 사실이 드러났다. 유럽 대륙은 남북으로는 부유국과 빈곤국 간의 경제적 격차가, 동서로는 사회주의와 자유주의라는 이념적 차이가 뚜렷한 상황이었다. 이러한 조건에서 기능적 접근을 중심으로 한 통합 논의는 필연적으로 한계에 봉착하게 되었고 그 과정에서 정서적·문화적 인식 부족이 근본적인 원인으로 대두되었다. 이에 따라 문화 간 대화의 중요성이 부각되었고 보다 심화된 통합의 기반을 마련하기 위한 시도로 '공동체 차원의 문화프로젝트', 즉 유럽 문화수도(European Capital of Culture) 사업이 추진되기 시작하였다.[54]

유럽연합이 추진한 이 문화수도 사업은 회원국 간의 문화 협력이 궁극적으로 정치적·경제적 통합을 견인할 수 있다는 공감대와 문화를 통해 하나의 유럽을 실현하겠다는 의지를 담고 있었다. 이러한 목표 아래 추진된 문화수도 사업은 1989년 베를린 장벽 붕괴와 함께 사회주의 체제의 해체 이후 체코, 헝가리, 폴란드 등 동유럽 국가 도시들로 그 범위가 확대되어 나갔다.

---

51 장 모네(Jean Monnet, 1888년~1979년)는 프랑스의 경제학자이자 행정가, 외교관이다. 유럽 통합을 위해 쉬망 선언을 기초하는 등 유럽 석탄 철강 공동체의 창설에 기여하였고 이로 인해 유럽연합의 창립자 중 한 명으로 일컬어진다. 위키백과 참고

52 유럽연합(EU)의 전신인 유럽공동체(EC)는 유럽 국가들의 경제 통합을 목적으로 하고 있었다. 그러나 경제 문제 외에도 유럽 국가들의 정치적 이해관계를 통합하고 이를 대변하려는 목적도 가지고 있었다. 네이버 지식백과 참고

53 장 바티스트 뒤로젤, 『유럽의 탄생』 이규현·이용재 역, 2003.

54 임문영 「유럽연합(EU)의 문화수도(文化首都)와 그 시사점」, 『한국프랑스학논집 제55집』, 2006

유럽 문화수도
프로젝트

유럽의 문화수도 프로젝트는 매년 선정되는 문화수도를 중심으로 문화예술의 생산과 향유를 획기적으로 늘리는 대규모 문화운동[55]이다. 문화수도로 선정된 도시는 1년 동안 '유럽의 문화수도'라는 자부심을 갖고 해당 도시가 보유한 문화유산과 문화예술, 문화산업 등 특화된 문화자원을 최대한 활용할 수 있는 기반을 마련하게 된다. 이 과정에서 문화를 통한 도시재생의 기틀을 세우는 것은 물론 도시 이미지 개선과 도시 브랜드 가치 제고, 전시·컨벤션사업 유치 등을 통해 수많은 관광객을 유치하고 경제 활성화에도 크게 기여하고 있다.

1985년 첫 번째 유럽문화도시(European City of Culture)는 사업을 제안했던 멜로나 메르쿠리의 고국인 그리스 아테네가 선정되었다. 이후 1999년 유럽문화도시에서 유럽문화수도(European Capital of Culture)[56]로 명칭이 변경되었고 두 차례에 걸쳐 도시 선정에 관련된 정책변화가 진행[57]되었다.

초기 유럽문화도시 사업은 도시 지정 방식이나 운영, 평가 기준 없이 진행되었으며 주로 여름철 2~3개월 집중적으로 행사를 개최하는 데 치중하였다. 이 시기의 문화도시는 개최 국가의 수도나 대도시를 중심으로 전개되었으며 사업의 주체가 명목상 유럽연합이긴 하였으나 사업에 대한 결정권을 갖고 권리를 행사하기 보다는 개최국의 문화부가 도시를 선정하고 각종 사업을 주관하는 방식이었다.

대략 1990년대 후반까지 진행된 유럽문화도시 사업은 운영 방식에 따라 다섯 가지 유형으로 구분[58] 할 수 있다. 초기에는 단기간 페스티벌 형식(1985년 아테네)이나 문화유적을 기반으로 한 예술행사(1986년 피렌체, 1989년 파리) 중심이었으나, 점차 고품격 문화예술 행사를 연중 페스티벌과 국제행사로 운영하는 방식으로 발전하였다.(1987년 암스테르담, 1991년 더블린, 1992년 마드리드)

1993년 벨기에 안트베르펜은 예술도시를 추구하며 연중 국제행사를 개최하고 전략적·체계적인 운영을 시도한 대표적인 사례

---

55 조선일보(2015.11.4.), ' 매년 바뀌는 유럽문화도시, 도시재생·지역 개발 효과'

56 유럽문화도시에서 문화수도로 명칭변경 승인 시점은 1999년이지만, 공식명칭이 사용된 것은 2005년부터이다. 한편 1985년 최초 유럽문화도시는 그리스 아테네이며 2005년 최초 유럽문화수도는 아일랜드의 코크(Cork)다.

57 김인오·구민교(2012)는 유럽문화수도의 전개과정을 3단계로 구분하였다. 초장기 문화수도 정책이 유럽연합차원에서의 본격적인 문화정책에 편입되기 이전인 도입기(1985~1992), 마스트리히트 조약 이후 신규 회원국 가입까지 제도화가 이루어졌던 제1차 변동기(1993~2004), 신규 회원국이 대거 가입 이후 추가적인 제도 정비가 이루어진 제2차 변동기(2005~2011)로 구분하였다.

58 서우석·조광호, 「문화도시 사업이 지향하는 사회적 가치에 대한 이해」, 한국문화경제학회 『문화경제연구』, 2019 재인용

이다. 또한 1990년 영국 글래스고는 '문화수도의 해'를 지정하고, 광의의 문화 개념에 기반한 종합 프로그램을 운영하였다. 이 과정에서 도시 이미지 개선 전략과 장기계획 및 지역집단의 관리 참여, 광범위한 민관 자원 활용 등이 이뤄졌다.

마지막으로 1996년 코펜하겐은 문화수도 발전과 도시 이미지 개선을 위한 장기전략을 수립하고, 개최 연도를 넘어선 지속적 계획을 제시하였다. 더불어 문화교육과 네트워크 구축을 위한 지역 주민 및 지역 비즈니스의 적극적인 참여를 이끌어냈으며 메트로폴리탄 전역을 포괄하는 사업 추진과 광범위한 재원 확보 등을 추진하였다.[59]

2000년에는 동서남북을 대표하는 유럽 9개 도시가 동시에 문화도시로 선정되어 21세기의 시작을 기념하며 유럽의 새로운 시대를 자축하고 유럽의 부활을 꿈꾸는 상징적인 행사가 기획·진행되기도 하였다.

2005년 이후에는 몇 가지 중요한 정책적 변화가 있었다. 먼저 1985년부터 사용되던 '유럽문화도시'라는 명칭이 '유럽문화수도'로 변경되었다. 또한 유럽의회와 유럽문화각료이사회, 집행위원회가 유럽문화수도 사업의 방향성을 명확히 제시하고 도시 선정과 모니터링, 평가 시스템을 도입하면서 운영방식에도 큰 변화가 생겼다. 이러한 변화는 궁극적으로 참여하는 도시 간의 건전한 경쟁을 촉진하기 위해 선정 심사위원단의 구성과 역할을 재정립할 뿐 아니라 도시 선정 이후 축제 개시 전까지 준비 과정을 점검하고 후보 도시들이 제출하는 문화 프로그램의 성격을 전 유럽 차원으로 확대하는 것[60]이었다.

한편 사회주의 체제 붕괴 이후 동유럽 국가들의 유럽연합 가입이 급속히 진행되면서 2004년 5월 1일을 기준으로 EU 가입 이전 회원국(14개국-오스트리아, 벨기에, 덴마크, 핀란드, 프랑스, 덴마크, 그리스, 아일랜드, 이탈리아, 룩셈부르크, 네덜란드, 포르투갈, 스페인, 스웨덴)과 이후 회원국(13개국-라트비아, 리투아니아, 몰타, 슬로바키아, 슬로베니아, 에스토니아, 체코, 키프로스, 폴란드, 헝가리, 루마니아, 불가리아, 크로아티아)으로 분리하여 각각 1개 도시를 유럽문화수도로 선정하고 있다.

유럽문화수도로 선정된 도시는 유럽연합으로부터 최고 150만 유로(한화 약 21억원)의 지원금을 받을 수 있다. 그러나 이 지원금은 전체 문화수도 사업 총 예산의 60%를 초과할 수 없으며

59　서우석·조광호, 「문화도시 사업이 지향하는 사회적 가치에 대한 이해」, 한국문화경제학회 『문화경제연구』, 2019 재인용

60　정영진 「유럽문화수도의 선정과 효과(European Capital of Culture)」, 『맞춤형 법제정보』, 2008 제3호, 한국법제연구원

선정된 도시와 국가에서 전체 사업비의 40%이상을 자체적으로 부담해야 한다. 다만 이 보조금 외에도 지역기반시설의 개선, 사회 연대성 강화, 지역 혁신을 위한 정책지원과 고용창출을 위해 유럽지역개발기금과 유럽사회기금으로부터 도시개발에 필요한 재정을 별도로 지원[61]받을 수 있다.

이처럼 1985년 그리스 아테네를 시작으로 추진된 유럽의 문화수도 사업은 2023년 헝가리 베스프렘, 루마니아 티미쇼아라, 그리스 엘레프시나까지 총 68개의 도시가 선정되었다. 코로나19 팬데믹으로 일부 사업이 연기되거나 영국의 EU 탈퇴로 개최도시가 변경[62]되는 등의 상황도 있었지만 지난 40여 년 동안 흔들림 없이 추진되며 유럽 시민들과 도시들에 상징적인 사업으로 자리매김하였다. '한번 문화수도는 영원한 문화수도다'라는 표현에서 볼 수 있듯이 이 사업은 지역 구성원의 자긍심을 고취시키고 도시 정체성을 확립하는 데 크게 기여했다.

이제 문화수도로 선정된 68개의 도시 중 프랑스 북부도시 릴(Lille)과 이탈리아 볼로냐(Bologna)의 사례를 살펴보자.

1. 문화 거버넌스로 지속가능한 도시를 만든 릴(Lille)

프랑스 북부지역, 벨기에와 국경을 맞대고 있는 릴은 파리, 마르세유, 리옹에 이어 네 번째로 큰 도시이다. 산업화 시대에는 플랑드르(Flandre) 지역을 중심으로 섬유와 철강 산업의 중심도시로 성장했지만 1960년대에 들어서면서 주력 산업이었던 광산업과 방직산업의 쇠퇴로 심각한 경제 침체를 겪게 되었다. 이러한 위기를 타개하기 위해 릴이 우선적으로 선택한 자구책은 지리적 이점을 활용하는 것이었다. 프랑스 초고속 열차 테제베(TGV) 노선을 유치하고 영국과 유럽을 연결하는 유로스타(Eurostar)[63] 연결, 구역(릴 폴랑드르)과 신역(릴 유럽)을 잇는 유라릴(Euralille) 건설 등 유럽의 교통과 상업 중심지로 거듭나는 노력을 전개하였다. 특히 두 역 사이에 방치돼 있던 1만 5천여 평의 황무지를 복합 상업지구로 개발, 상가와 아파트, 사무실, 학교 등을 입주시켜 5천 여 개의 일자리를 창출함으로써 유럽 시민들이 다시 정주할 수 있는 도시로 탈바꿈하는 데 성공했다.

이러한 도시재생사업을 바탕으로 릴 시 정부는 문화예술을

---

61 정영진 「유럽문화수도의 선정과 효과(European Capital of Culture)」, 「맞춤형 법제정보」 2008 제3호, 한국법제연구원

62 2020년 개최 예정국이던 영국이 EU를 탈퇴하고, 2021년 코로나19 팬데믹으로 개최가 연기되어 2023년 루마니아 티미쇼아라, 그리스 엘레프시나, 헝가리 베스프렘이 유럽문화수도 사업을 추진하였다.

63 영국과 프랑스 앞 바다에 있는 도버 해협(Strait of Dover) 지하로 연결된 철도(Channel Tunnel)를 통과하는 열차. 1994년 5월 개통되었으며 동년 11월 첫 번째 유로스타 열차가 운행되었다. 영국 런던의 세이트 판크라스 역에서 프랑스 파리 북역, 벨기에 브뤼셀 남역 및 네덜란드 암스테르담 중앙역을 운영하고 있으며, 독일과 스위스 등까지 확대할 예정이다.

활용한 지역경제 발전 전략을 수립하고 2004년 유럽문화수도 유치를 준비하였다. 이 과정에서 지방 행정기관 간 새로운 커뮤니케이션 창구를 만들어 일종의 문화행정 네트워크를 형성하였다. 경제계와 문화계 인사들이 조화롭게 협력하며 기획한 프로그램들은 지방정부와 산하기관들로 확대되었고 이로써 새로운 거버넌스 체계가 구축되었다.

이 같은 문화 거버넌스는 이후 '릴 3000(Lille 3000)'을 추동하는 중심축으로 작동[64]하였다. 2004년 유럽문화수도 유치 및 성공 개최를 위한 준비과정에서 기업과 문화예술가, 시민활동가, 행정관료 등이 협력하는 시스템이 형성되면서 도시구성원의 에너지가 하나로 모아져 엄청난 추진력으로 발전하였다. 그 결과 릴은 2004년 유럽 문화수도로 선정되어 약 17,000명의 예술가와 17,800여명의 자원봉사자들이 참여한 가운데 2,500여 건의 문화예술 행사를 대대적으로 개최하였다. 이와 함께 약 1,300여 명이 문화관련 일자리에 신규 채용되었으며 약 9백 만 명에 이르는 관광객을 유치해 관광 수익이 30% 이상 증가[65]하는 성과를 거두었다.

64, 65   김설아·이병민, 「프랑스 릴(Lille)의 문화와 예술을 통한 도시재생 과정에 대한 고찰」, 한양대학교 우리춤연구소, 『우리춤과 과학기술』 제37집, 2017. 5.

2. 문화유산 보존을 통한 볼로냐식 도시재생

이탈리아 북부의 에밀리아로마냐 주의 주도(州都)인 볼로냐는 르네상스 시대의 중심도시이자 세계 최초 대학인 볼로냐대학교가 자리한 유서 깊은 도시이다. 오랫동안 학문의 도시로 불리며 지식과 문화가 교차하는 중심도시 역할을 해왔으며 우리에게는 파스타 소스 '볼로네즈(Bolognese)'의 본고장으로도 잘 알려져 있다. 중세부터 이어져 온 성벽과 타워, 포르티코(Portico 회랑) 등은 도시의 독특한 경관을 형성하고 있다. 이처럼 풍요롭고 교육적이며 르네상스의 낭만이 가득했던 도시 볼로냐도 산업화 시대를 지나며 유럽의 여느 도시들과 마찬가지로 침체와 쇠퇴의 위기를 겪게 되었다.

1970년대부터 볼로냐는 성 밖 주거지와 패키지(자동포장) 기계제조 기업들이 생겨나면서 도심이 아닌 교외를 중심으로 도시가 팽창하였다. 그에 따라 도심은 활력을 잃게 되고 낡고 오래된 건물들이 늘어나면서 구도심은 빈민지역으로 쇠락해 갔다. 이 상황에서 도심에 새로운 활력을 불어넣기 위해 시민과 행정기관이 함께 기획하고 추진했던 프로그램이 바로 '볼로냐 2000 프로젝트'이다.

'볼로냐 2000 프로젝트'는 볼로냐를 새로운 창조도시로 만드는 것을 목표로 역사와 문화를 간직한 건물들을 발굴·보존하며 새로운 공간을 창출한다는 프로젝트이다. 이 사업은 기존의 재개발·재건축 중심의 도심 개발 방식이 아닌 보존과 리노베이션이라는 역발상의 접근을 택했다. 낡은 건물과 좁은 도로, 미로처럼 얽힌 골목길을 철거해 아파트와 고층건물을 세우는 방식이 아니라 기존 구조를 단계적으로 개조하여 문화예술지구를 조성하고자 한 것이다. 이를 통해 담배공장·요업공장·소금창고·제빵공장 등 방치된 시설물을 리모델링하여 도서관·영화관·영상자료관·현대미술관·복합문화센터·박물관 등으로 변모시켜 나갔다. 쇠퇴해가던 구도심 건물들이 문화예술과 역사가 살아있는 문화지구로 탈바꿈되자 다시 사람들의 발길이 이어지고 문화예술과 교육이 활력을 얻기 시작했다. 이 도시재생의 중심에는 볼로냐 특유의 견고한 협동조합들이 있었으며 이들은 시민들의 관심과 참여를 이끌어 내는 데 핵심적인 역할을 했다.

볼로냐 지방정부는 이러한 기반 위에서 기존 유휴건물들을 적극적으로 매입하고 문화시설로 전환해나가는 정책을 추진했다. 더 많은 예산이 소요되더라도 중세 도시건축물과 포르티코(Portico)[66]의 외관을 유지하는 방향으로 시민과의 합의를 이끌

---

66 포르티코(Portico)는 그리스어 프로나오스(신전 앞)에서 파생된 말로 건물입구로 이어지는 기둥이나 벽으로 받혀진 지붕구조의 회랑을 말한다. 볼로냐 시 가장자리에서 마돈나 디 산 루카 수도원에 이르는 포르티코의 길이는 무려 18km에 이른다.

어냈다. 그 결과 볼로냐의 도시재생사업은 예산이 더 들고 속도는 느렸지만 도시의 역사와 매력을 보존하면서도 풍부한 볼거리와 문화자산을 지닌 역사, 문화·관광의 도시로 거듭날 수 있었다.

이처럼 유럽의 문화수도는 한순간에 이루어진 것이 아니다. 유럽은 1·2차 세계대전을 겪으며 전쟁의 아픔과 참혹함을 뼈저리게 경험했고 이어진 산업화의 냉정함 속에서 하나의 유럽을 향한 통합의 목소리를 키워왔다. 이러한 역사적 배경 위에서 유럽연합 회원국들은 국가 간의 간극을 문화를 통해 극복하고자 했으며 문화적 자부심을 바탕으로 '유럽 문화수도' 프로젝트를 추진한 것이다.

또한 급속한 산업화 과정에서 그 기능을 다한 도시들이 점차 도시 구성원들에게 외면 받고 쇠퇴해갈 때 그들은 어둡고 낡은 도시 이미지를 역사와 문화예술의 힘으로 되살리고자 했다. 도시의 과거를 가치 있게 재발견하고 새로운 활력을 불어넣기 위한 이러한 노력은 결국 도시재생의 해답이 문화에 있음을 보여주었다. 이렇게 형성된 유럽 문화수도의 효과와 성공 사례는 이제 누구도 부정할 수 없다. 그렇다면 유럽 문화수도 프로젝트의 성공 요인은 무엇이며 그것이 우리에게 주는 시사점은 무엇일까?

첫째 도시의 정체성과 문화적 환경을 최대한 활용한다는 것이다. 프랑스의 릴은 도시 정체성을 플랑드르 문화권으로 확장함으로써 인접 도시들과의 문화적 연대와 교류를 강화하였고, 이탈리아 볼로냐는 포르티코와 같은 독특한 문화유산을 보존하며 도시의 역사적 자산을 도시재생에 적극 접목시켰다. 이처럼 두 도시는 각각 자신만의 고유한 문화 자산을 재해석하고 확장함으로써 새로운 정체성을 창출하고 도시의 매력을 제고하는 데 성공했다.

둘째 시민의 적극적인 참여를 통한 문화 거버넌스 구축이다. 도시 정책의 수립과 예산 집행은 지방정부에서 시작될 수 있지만 그것이 지속가능한 효과를 거두기 위해서는 시민의 지지와 참여가 필수적이다. 릴과 볼로냐는 기업, 문화예술인, 시민활동가, 관료 등 다양한 주체들이 함께 참여한 협력적 문화 거버넌스를 형성하였고 그 안에서 창의적 아이디어와 실행 가능한 프로그램이 다수 도출되었다. 이러한 구조는 도시의 변화를 일시적 이벤트로 그치지 않게 하고 시민의 자긍심과 공동체 정신을 강화하는 기반이 되었다.

셋째 충분한 시간 확보와 단계적 접근이다. 유럽 문화수도는 도시 선정에서부터 준비, 실행, 사후 관리계획까지 평균 4~6년 이상의 준비기간을 갖고 추진된다. 이 과정에 도시의 비전과 실행과제를 시민들과 공유하고 합의점을 도출하며 단기성과에 급급하기보다 장기적이고 체계적인 계획이 마련된다는 점이다. 이 같은 준비과정은 사업의 완성도를 높일 뿐 아니라 지역사회에 지속가능한 변화를 가져오는 중요한 요인으로 작용하고 있다.

유네스코
창의도시 네트워크

전 세계의 교육과 과학, 문화에 대한 보급과 보존, 교류와 협력증진을 위해 제2차 세계대전 직후인 1945년 11월, UN 산하의 국제기구인 UNESCO(United Nations Educational, Scientific and Cultural Organization)가 설립되었다. 193개 회원국과 12개 준회원국으로 구성된 유네스코는 주로 세계문화유산의 등재와 관리 혹은 소멸·파괴·훼손 위기에 처한 인류의 문화유산의 보존을 담당하는 국제기구로 알려져 있지만 실제로는 교육, 과학, 정보기술 보급을 통한 지구촌 국가들의 격차 해소에 예산의 대부분을 사용하고 있다. 유네스코의 궁극적인 지향점은 회원국 간의 연대와 협력을 통해 세계평화와 지속가능한 인류발전을 실현하는 것으로 우리나라는 1950년에 가입하였다.

유네스코(UNESCO)는 2004년 10월 지속가능한 발전의 핵심가치로 '창의성(Creativity)'을 표방하며 문화다양성 증진과 협력사업의 일환으로 '유네스코 창의도시 네트워크(UNESCO

Creative Cities Network)'를 제안하였다. 이 네트워크는 도시 간 문화 교류와 협력을 통해 창의적 발전을 도모하자는 글로벌 연대 프로그램이다.

앞서 1997년 토니블레어 영국 총리는 미래경제를 이끌어갈 핵심 산업으로 ICT와 문화가 결합된 창조산업을 꼽은 바 있다. 이후 문화에 기반을 둔 창의도시 모델이 각광 받기 시작했는데 제인 제이콥스, 찰스 랜드리, 리처드 플로리다, 프랑코 비안치나, 사사키 마사유키 등 창조도시 이론가들의 등장으로 논리적 토대가 마련되었다. 특히 찰스 랜드리는 창조도시의 역량을 '문화'로 측정해야 한다고 강조했다. 그가 말하는 문화는 단순히 문화예술을 의미하는 것이 아니라 다양성과 유연성, 개방성을 아우르는 보다 넓은 개념의 문화 역량이다. 그는 현대 도시들이 직면한 빈부 격차, 실업, 환경오염, 교통 문제 등 다양한 도시 문제를 해결하기 위해서는 창조적 사고와 도시 역량이 필수적이며 이를 가능케 하는 것이 바로 예술가적 창의력이라고 주장한다.

이에 앞서 UN은 2015년 9월 세계 193개국 정상이 참석한 가운데 UN개발정상회의에서 SDGs(The 2030 Agenda for Sustainable Development Goals:2030지속가능발전목표의제)를 채택하였다. 이는 2016년부터 2030년까지 국제사회가 공동으로 해결해야 할 주요 과제로서 빈곤과 기아, 불평등, 기후위기, 지속가능한 도시와 공동체 문제 등에 지속가능한 발전을 실현하기 위한 17개 목표[67]를 제시하였다.

그러나 아이러니하게도 이 모든 문제를 담아내고 풀어나갈 수 있는 핵심 키워드인 '문화'가 빠졌다는 점이다. 당면한 현실문제에 급급하다보니 국제기구에서 조차 미래를 내다보지 못하는 식견이 아쉬운 대목이다.

이 같은 환경 속에서 2004년 시작된 유네스코 창의도시 네트워크(UNESCO Creative Cities Network) 사업은 2016년 9월 스웨덴에서 열린 연차회의를 계기로 국제적인 주목을 받기 시작했다. 당시 회의에는 54개국 116개 도시가 참여했으며 기조연설에 나선 영국의 창조도시 이론가 찰스 랜드리(Charles Landry)는 지속가능한 도시 발전의 핵심 동력으로 '창의성과 네트워크'의 중요성을 강조하였다. 그는 유네스코가 가진 문화적 잠재력과 국제적 연대 경험을 창의도시 네트워크를 통해 더욱 발전시켜야 한다고 주장했다. 이후 7년이 지난 2023년 기준 유네스코 창의도시 네트워크는 전 세계 93개국 295개 도시로 확대되며 그

---

67 2015년 UN개발정상회의에서 채택된 SDGs(지속가능 발전목표 17) 17개 목표는 빈곤의 종식, 기아 종식, 건강과 웰빙, 양질의 교육, 성평등, 깨끗한 물과 위생, 적정한 청정에너지, 양질의 일자리와 경제성장, 산업 혁신과 사회기반시설, 불평등 감소, 지속가능한 도시와 공동체, 책임감 있는 소비와 생산, 기후변화 대응, 해양생태계, 육지생태계, 평화 정의와 제도, SDGs를 위한 파트너십이다

영향력과 위상을 더욱 공고히 하고 있다.

유네스코의 창의도시 네트워크(UNESCO Creative Cities Network)는 문학, 음악, 공예·민속예술, 디자인, 영화, 미디어 아트, 음식 등 7개 분야에서 창의성이 뛰어나고 인류문화 발전에 기여할 수 있는 도시를 선정한다. 이 사업은 국가나 지방정부 주도의 개발이 아닌 문화를 기반으로 시민과 문화인들이 협치를 통해 도시를 발전시키고 삶의 질을 개선해 나가데 중점을 두고 있다.

우리나라는 현재 7개 분야에서 총 11개 도시가 창의도시 네트워크에 가입해 있다.

유네스코 창의도시 네트워크에 가입된 우리나라 11개 도시

- 서울(디자인, 2010)
- 이천(공예·민속예술, 2010)
- 전주(음식, 2012),
- 광주(미디어아트, 2014)
- 부산(영화, 2014)
- 통영(음악, 2015),
- 대구(음악, 2017)
- 부천(문학, 2017)
- 진주(공예·민속예술, 2019)
- 원주(문학, 2019)
- 김해(공예·민속예술, 2021)

창의도시 네트워크의 신규 도시 선정은 격년제로 이루어지며 현재는 네트워크에 가입된 정회원 도시와 가입을 준비 중인 예비 도시(예: 경주, 청주, 안동, 밀양, 울산, 순천, 안산, 강릉, 성남 등)로 구분되고 있다. 다만 신청 자격은 '시'로 분류된 광역시, 특별자치시 또는 기초지자체 단위의 시로 제한된다.

유네스코 창의도시 네트워크에 가입한 도시들은 연간 1회 이상 정기워크숍을 개최하여 세계 창의도시들과 경험을 공유할 뿐 아니라 네트워크를 통한 국제협력 모색, 문화산업분야 창작자 및 전문가 기회 확대, 인력양성 등의 협력과 노력이 전개되고 있다. 유네스코 창의도시 네트워크 사업에 선정된 도시들의 변화를 간략하게 살펴보자.

1. 미디어아트 창의도시 오스틴

2015년 미디어아트 분야 유네스코 창의도시로 선정된 미국 텍사스주의 오스틴(Austin) 시는 오늘날 전 세계 크리에이터들의 성지로 불린다. 멕시코와 인접한 오스틴 시는 한때 낙후된 지역으로 기존의 통념이나 가치관을 거부하고 인간성 회복과 자연과의 조화를 중시하는 이른바 '히피족(Hippies)'이 주로 거주하던 도시였다.

그러나 1987년 오스틴에 거주하는 인디밴드와 아티스트 700여명이 모여 소규모 지역축제로 시작한 사우스 바이 사우스웨스트(SXSW, South by Southwest) 음악축제는 해를 거듭할수록 음악을 넘어 영화, 미디어아트, 컨퍼런스로 등으로 분야를 확장하며 전 세계 수십만 명이 찾는 글로벌 문화축제로 성장하였다.

매년 3월 SXSW가 열리는 시기에는 약 2만 명이 넘는 음악 산업 관계자와 2천여 명의 뮤지션, 영화·게임·디지털미디어 아티스트들이 오스틴에 모인다. 특히 소셜미디어, 가상현실(VR)·증강현실(AR), 메타버스, 인공지능(AI) 개발자와 스타트업 관계자 등 수만 명이 1천 개 이상의 컨퍼런스에 참여하며 기술혁신과 창의적 담론을 주도하고 있다.

이처럼 오스틴 시정부와 예술가, 시민이 협력한 문화 거버넌스는 도시를 지속가능한 창의도시로 변화시켰다. 이러한 창의적 생태계를 기반으로 오라클과 테슬라, 델 테크놀로지스를 비롯해 IBM, 구글, 애플, AMD, 아마존, 인텔 등 세계적인 기업들이 본사나 핵심 연구시설을 오스틴에 두고 있다. 문화 기반 도시로서 창의적인 인재가 몰리고 이들이 다시 기업의 혁신과 성장을 이끌고 있는 것이다.

특히 오스틴 시는 '오스틴 문화계획 2021'을 발표하며 독창적 예술가와 창작자 커뮤니티를 지원하고 미디어 아트와 디지털 콘텐츠, 인터랙티브 기술을 다양한 분야로 확장할 수 있는 토대를 마련하고 있다. 이로써 문화와 기술의 융합을 통해 지속가능한 도시 발전 모델을 구현해 가고 있다.

2. 음악 창의도시 세비야

음악 창의도시 세비야(Sevilla)는 15세기부터 18세기까지 대항해시대의 중심지로 스페인의 경제와 문화 황금기를 이끈 도시였다. 8세기 초 이슬람 세력에 의해 코르도바가 점령된 이후 세비야는 약 780년간 무어(Moor)족의 지배를 받았다. 이후 1492년 카스티야와 아라곤의 연합왕국이 레콩키스타(Reconquista)를 완성하면서 세비야는 기독교 왕국에 편입되었고 신대륙 발견과 함께 전개된 대항해시대에 스페인의 독점 무역항으로 급부상했다.

카스티야의 이사벨 여왕은 신대륙, 아프리카, 유럽 각국을 오가는 모든 무역선이 세비야를 경유하도록 지정하고 이곳에 통관과 세금 징수권을 부여했다. 이러한 특혜로 인해 세비야는 전례 없는 부를 창출하였고 세계인이 몰려드는 활력 넘치는 도시로 성장하며 세계적인 문화예술의 꽃을 피웠다. 모차르트의 『피가로의 결혼』, 로시니의 『세비야의 이발사』, 비제의 『카르멘』 등 120여 편이 넘는 오페라의 배경이 되었고 투우와 플라멩코(Flamenco)의 본고장으로서 스페인 전통문화의 중심지로 자리매김했다.

그러나 시간이 흐르며 도시를 가로지르는 과달키비르(Guadalquivir) 강에 토사가 쌓여 대형 선박의 통항이 불가능해지자 항구 기능이 상실되면서 급격한 쇠퇴의 길로 들어섰다. 쇠락한 도시의 위상을 되살리기 위한 도시 구성원들의 재생 노력은 1980년대부터 본격화되었는데 그 중심은 '음악'이었다. 기타, 지터, 트럼펫, 플루트 등 다양한 악기 제작 산업을 기반으로 음악 예술인을 양성하는 프로그램이 확대되었고 극장 및 문화기관 간의 연계 사업도 활발히 추진되었다. 특히 어린이를 위한 예술 교육 프로그램 개발에 중점을 두어 세대 간 음악문화의 계승과 확산을 도모했다.

세비야는 전통 플라멩코와 클래식 음악을 현대적 음악 장르 및 기술 혁신과 결합하며 지속가능한 창의도시로 발전하고 있다. 특히 세계적인 명성을 자랑하는 '세비야 플라멩코 비엔날레(Sevilla Flamenco Biennale)'를 개최하며 음악을 통해 도시 재건과 문화적 성장 동력을 만들어가고 있다.

3. 공예·민속예술 창의도시 가나자와

지난 2009년 공예·민속예술분야 창의도시에 선정된 일본의 가나자와는 도요토미 히데요시(豊臣秀吉)의 부하 장수였던 마에다 도시이에(前田利家)가 통치했던 유서 깊은 가가번(加賀藩)[68]으로 메이지유신 때까지 일본의 5대 도시 중 하나였으며 에도시대를 열었던 초대 쇼군 도쿠가와 이에야스(江戸幕府)에 버금가는 2번째로 세력이 컸던 다이묘가 다스렸던 지역이었다. 하여 가나자와는 금박공예와 염색기법(가가유젠)이 발달한 전통공예품의 집적지였으며 전통극(다도·노가쿠)과 전통음식(화과자)이 발달한 격조 높은 역사문화도시였다.

그러나 근대 산업사회로 접어들며 가나자와는 도시 경쟁력 쇠퇴라는 위기에 직면했다. 이에 가나자와 시와 시민들은 산업트렌드를 쫓기보다 자신들이 보유한 풍부한 역사·문화 자산에 주목하였다. '혁신이 지속되지 않는다면 전통은 전통으로서 남아 있을 뿐'이라는 철학 아래 전통에 혁신기술을 접목시켜 도시에 생명력을 불어넣고자 하였다.

가나자와 시는 전통산업 혁신과 현대화에 예산을 투자하고 가나자와 미술전문학교를 설립하여 전통과 현대공예의 조화를 모색하였다. 이와 함께 전통 공예품의 홍보 및 유통, 판매 촉진과 후학 양성 프로그램을 도입하고 '우타쯔야마 공예공방', '21세기 미술관' 등을 운영하며 도시 곳곳에 문화거점을 조성함으로서 시민의 문화체험과 커뮤니티 활성화를 도모[69]하였다. 그 결과 가

---

68 일본 에도 시대 가가·노토·엣츄 3국을 지배했던 초대형 번으로, 그 지배 영역은 지금의 이시카와현에서 도야마현에 이르는 대부분의 지역에 속해 있었다. 일반적으로 '가가 100만 석'(일본어: 加賀百万石 가가햐쿠만고쿠[*])로 불린다. 메이지 2년(1869년)의 판적봉환으로 번의 명칭을 가나자와번(金沢藩)으로 공식화하였다.

69 유승호, 『문화도시』 일신사, 2008.

나자와에서는 도자기(구타니야키), 염색기법(가가유젠), 금박 공예 등 약 28개의 전통 산업이 명맥을 유지하며 800여개의 사업소(시내 공업사업소의 약 20%, 사업자수의 약 8%)에서 3천여 명의 인력이 종사하고 있다.

  이러한 지속적인 노력 덕분에 가나자와는 일본에서 인구 대비 가장 많은 중요 무형문화재 보유 도시로 자리매김하였고 '전통과 현대의 조화를 이룬 문화창의도시'의 대표적 성공 사례로 주목받고 있다.

4부

THE POWER
OF CULTURE
TO CREATE CREATIVE & SEONGBUK

문화행정가의 길

누구나 문화를 만들고 누리는데 장벽이 없는 도시

　온고지신(溫故知新)이란 말이 있다. 옛것을 익히고 이를 통해 새로운 것을 알아간다는 뜻이다. 문화의 영역에서는 이보다 한 걸음 더 나아가 옛것을 본받되 새로운 것을 창조해야 한다는 의미의 '법고창신(法古創新)'이라는 표현이 자주 사용된다. 단순히 과거를 반복하거나 답습하는 것이 아니라 옛것을 배우되 시대에 맞게 변용할 줄 알고, 새것을 만들되 본보기가 될 수 있어야 비로소 '법고'(法古)이고 '창신'(創新)이라 할 수 있다.

　문화는 한 사회의 정체성과 감수성, 공동체의 기억과 상상력을 담는 그릇이다. 그러므로 문화의 창조는 전적으로 새로움만을 추구해서도 과거에 머물러서도 안 된다. 온고지신의 정신은 문화에서 시간의 층위를 잇는 다리와 같다. 옛것을 익히고 이해함으로써 우리는 정체성을 지키고 그 안에서 창조의 방향을 찾는다. 무분별한 모방이나 과도한 단절이 아니라 뿌리 있는 창조가 가능해지는 이유다.

기초지방자치단체(시·군·구)에 문화재단이 본격적으로 설립되기 시작한 것은 2014년 국회에서 「지역문화진흥법」이 제정된 이후부터이다. 이 법은 지역 간 문화격차를 해소하고 각 지역의 고유한 문화를 발전시켜 지역 주민의 삶의 질을 높이며 궁극적으로 문화국가를 실현하는 것을 목적으로 제정되었다. 동 법률 제19조에는 '지역문화진흥에 관한 중요 시책을 심의·지원하고 사업수행을 위해 지방자치단체의 장은 지역문화재단을 설립·운영할 수 있다'라고 명시하고 있다. 1948년 대한민국 헌정질서가 수립된 이후 수많은 문화 관련 법률안이 제정되었지만 지역문화를 체계적으로 발굴하고 육성하기 위한 법률은 60여 년이란 세월이 지나서야 비로소 가능해진 셈이다.

물론 1994년 지역 고유문화의 계발·보급·보존·전승 및 선양, 향토사 조사 연구 등을 목적으로 한 「지방문화원진흥법」이 제정, 시행되고 있었다. 그러나 이 법은 국가 및 지방자치단체가 지방문화원이라는 특정 조직을 지원·육성하는데 초점을 맞추고 있으며 '지역문화', '생활문화', '문화예술', '문화시설', '문화도시', '문화지구', '지역문화 전문인력' 등의 개념 정의를 포함하거나 지역문화진흥의 기본원칙과 국가 및 지방자치단체의 책무, 지역문화진흥의 기본계획 수립 등의 내용을 종합적으로 담고 있지 않았다. 결국 「지방문화원진흥법」은 지역문화의 종합적인 진흥은 물론 문화격차 해소와 주민 삶의 질 향상을 통해 문화국가를 실현하기 위한 종합적인 기반 마련에는 한계가 있었다.

이처럼 입법 미비와 제도적 한계로 인해 그동안 지역문화는 문화체육관광부와 중앙의 문화 관련 공공기관을 중심으로 한 중앙집권적 지역문화육성 정책으로 육성됐다. 이에 따라 지역문화 정책은 지방자치단체가 주도하는 지역축제와 공연, 전시, 향토사 연구 및 보존 등에 한정될 수밖에 없었다. 그 결과 제한된 재원을 기반으로 한 지역문화 정책은 박물관·미술관·도서관·공연장·문화시설 등 문화 인프라 구축에서도 수도권과 광역자치단체 중심으로 편중되었고 이로 인해 지역 간 문화격차 심화가 국가 문화정책의 중요한 과제로 부상하게 되었다.

1995년 6월 27일 전국동시지방선거의 실시로 주민이 직접 지방자치단체장을 선출할 수 있게 되면서 지역의 실질적인 정책수립과 예산집행 권한을 가진 지방분권시대가 본격적으로 열렸다. 이후 여러 시행착오를 거치며 지방행정이 서서히 정비, 정착되는 가운데 2000년대에 들어서는 지역문화 정책에 대한 중요성과 관심도 함께 높아지기 시작했다. 특히 지역 균형 발전이 국가적 아젠다로 떠오르면서 문화 역시 지방분권과 균형발전의 흐름에서 예외일 수 없게 되었다. 이런 변화 속에서 단순한 모임이나 다목적 행사를 위한 공간이던 구민(시민·군민)회관이 전면 또는 부분 리모델링을 통해 지역의 문화거점 공간(아트홀·전시실 등)으로 확실하게 자리 잡았다. 지역주민의 생활문화가 단순 취미활동을 넘어 동호회 중심의 고도화·전문화·차별화 될 뿐 아니라 스마트폰 앱과 디지털 플랫폼을 통해 확장됨으로써 그 가치와 정책 비중 또한 크게 높아졌다. 여기에 더해 1990년대 후반 드라마로 시작한 한류(韓流) 열풍은 특정 장르와 지역을 넘어 K-컬처의 글로벌화로 이어졌다. 특히 통신·번역 기술의 비약적 발전은 지역문화가 언어의 장벽을 넘어 세계로 향할 수 있는 기반을 마련해 주었다.

이 같은 문화 흐름을 직접 목도해온 필자는 2021년 6월 성동문화재단 대표이사로 부임한 이래 기초문화재단이 앞으로 어떤 역할을 해야 하며 어떤 지향점을 가지고 나아가야 할지에 대한 고민과 성찰을 거듭했다. 전국 226개 기초자치단체[70] 중 127개 기초자치단체가 문화재단을 설립·운영[71]하고 있다. 앞서 언급한 바와 같이 2014년 「지역문화진흥법」 제정된 이후 2015년부터 설립되기 시작한 문화재단은 불과 10년여 만에 절반을 훌쩍 넘었

---

70 2025년 기준 우리나라 기초자치단체는 75개 시, 82개 군, 69개 구로 획정되어있다.

71 127개 기초자치단체 뿐 아니라 17개 광역자치단체가 문화재단·문화관광재단을 설립·운영하고 있다.

고 전국적으로 1만여 명이 넘는 종사자들이 지역문화 행정에 몸담고 있다.

어떤 조직이든 설립 이후 3년~5년간은 시행착오를 겪게 마련이다. 항구적인 법·제도가 없듯이 조직이나 단체 역시 운영 과정에서 노출된 문제점을 수시로 수정·보완하거나 시대 변화와 환경에 맞춰 조직을 개편하고 사업 방향을 조정해야 한다. 이 과정에서 핵심은 조직의 설립 목적에 맞는 분명한 방향성과 지향점을 설정하는 일이다.

언젠가 와타나베 이타루의 『시골빵집에서 자본론을 굽다』라는 책을 읽은 적이 있다. 원산지를 속이고 뒷돈을 챙기고 고객을 기만해서라도 돈만 벌 수 있다면 무엇이든 하는 부패한 자본가를 경고하며 작아도 진짜인 일을 하고 싶었던 지은이는 조금 더디고 비용이 들더라도 정직하게 천연 균으로 빵을 굽는다. 빵을 매개로 지역생산과 지역소비의 선순환구조를 만들며 일주일에 사흘은 문을 닫고 1년에 한 달은 휴가를 간다는 그의 경영 철학은 단순한 빵집 운영을 넘어 삶의 철학으로 다가왔다. 이 책은 현대를 살아가는 우리에게 삶의 가치와 노동의 의미를 다시금 고민하게 했다. 급속한 산업화로 눈부신 경제 성장을 이뤘고 국민소득도 높아졌으며 세계적인 경제 규모를 자랑하게 되었지만 그만큼 삶은 더 안정되고 여유로워졌는가? 오히려 사람들은 더 불안하고 더 초조해졌으며 개인주의를 넘어 이기주의와 고립주의가 일상인 사회가 되고 있다.

자살률 세계 1위, 출산율 세계 최저라는 타이틀 속에 살면서 '무조건 앞만 보고 달려가야 한다'라는 강박관념은 우리 모두를 짓누르고 있다. 이 책은 그래서 나에게 그리고 우리 모두에게 속삭였다.

"잠시 멈춰서 한 번쯤 생각해 보자. 도대체 뭐가 중요한가?"

지금 우리는 기술과 자본의 시대, 물질만능의 시대를 살아가고 있다. 물질은 풍족해지고 몸은 건장해졌을지 모르나 마음은 허약해지고 '더불어 사는 공동체'는 점차 사라져가고 있다. '함께' 보다 '나'와 '우리'만 잘 살면 된다는 배타적 공동체로 바뀌어가고 있다. 여기에 더해 정보통신기술의 속도만큼이나 사람의 마음에도 속도가 붙어 갈수록 쉼과 여유가 사라져갔다. 이 허기를 어떻게 회복하고 무엇으로 채울 것인가. 그 해답의 하나가 문화일 것이다. 문화는 인간의 희노애락(喜怒哀樂)을 담아내며 감동과 행복, 쉼과 여유, 치유를 전해준다. 다양성과 포용성 있는 공동체를 회복하는 힘도 문화에서 비롯된다.

도시에 문화를 통한 활력을 불어넣기 위한 출발점은 문화행정을 실행하는 지역문화재단 구성원과의 공감대 형성이었다. 이를 위해 조직 내부의 소통과 협업을 촉진하고 문제를 외부로 돌리지 않는 건강한 조직문화를 만드는 데 집중했다. 삼삼오오 모여 자유롭게 의견을 나누는 티 미팅을 수시로 가지며 각자의 고민과 정보를 자연스럽게 공유할 수 있는 분위기를 만들었다. 또한 각종 공연과 축제, 전시, 영화제, 북 콘서트 등 그동안 특정 팀의 고유 영역처럼 여겨졌던 사업들도 전문성과 노하우를 공유하며 함께 추진해 나가는 협업 방식으로 개선하였다.

여기서 핵심은 '모든 책임은 기관장이 진다'라는 원칙에 따라 책임 전가가 아닌 문제점을 발견하고 개선 방안을 도출하는 사고의 전환이었다. 더불어 구성원들이 문화행정가로서의 전문성과 자긍심을 가질 수 있도록 문화예술 교육과 성공 사례 벤치마킹, 선진 모델 사례분석 등을 지속적으로 추진하며 역량 강화의 토대를 마련해 나가는 것이었다.

한편으로는 국립 예술단체들을 초청하여 공연의 형식과 내용, 전반적인 수준을 직접 체험하고 이를 통해 주어진 환경에서 극복해야 할 문제점과 개선과제를 도출해 나갔다. 또한 문화체육관광부 산하 공공기관은 물론 관내 대학, 기업 등과의 업무협약을 추진하여 문화 분야에서 상호 협력 가능한 수많은 단체를 발굴·연결하는 데 주력했다. 이를 통해 업무 효율성과 사업 성과를 함께 높일 수 있는 실행 기반을 마련하고자 하였다. 이러한 업무 환경을 조성한 후 본격적인 문화행정 시스템 구축을 시작했다.

문화행정 기틀을 닦는 업무매뉴얼

2021년 12월 '스마트 문화도시 성동'을 비전으로 문화기술(Culture Technology)과 예술을 접목한 도시재생과 시민참여와 소통이 어우러진 문화도시 구현을 미션으로 하는 중장기 발전계획이 수립되었다. 이 계획에서 세 가지 핵심 과제를 도출했다.

첫째 포용과 혁신의 지역문화 기반 조성(인프라)
둘째 융복합 문화복지 실현(콘텐츠)
셋째 소통과 참여를 통한 지속가능 경영 실현(조직문화)이다.

이 모든 과제의 중심에는 '스마트 문화도시'와 '문화기술(CT)'이라는 키워드가 자리하고 있다. 되돌아보면 우리나라를 넘어 세계의 문화기획자들이 주목하고 있는 글로벌 문화창조산업 축제 '크리에이티브×성수'는 바로 이 계획 속에서 씨앗을 틔우고 자라난 성과라 해도 과언이 아니다.

사전적 의미로 '행정(行政)'이란 법률에 기반하여 국가의 목적을 실현하기 위해 수행하는 능동적이고 적극적인 활동을 의미한다. 포괄적인 법률을 보다 구체적이고 세분화한 것이 시행령과 시행규칙이라면 지방의 사무를 운영하기 위하여 각 지방자치단체의 의회가 제정하는 법규범이 바로 '조례(條例)'이다. 문화행정(文化行政) 역시 행정의 하위 개념으로 정부나 공공기관이 문화와 관련된 업무를 수행하는 일련의 활동을 의미한다. 그 구현 방식은 법령에 근거한 문서(文書) 행정이 핵심이다.

기초자치단체 출연기관으로 설립된 문화재단 역시 법률과 조례에 근거하고 있으며 운영에 있어서는 「지방자치단체 출자·출연기관의 운영에 관한 법률」을 비롯한 다양한 관련 법률에 근거하여 조직·예산·인사·채용·사업 등 모든 행정에 영향을 미친다. 따라서 이러한 행위들을 전개하기 위해서는 전자문서를 포함한 문서 행정을 통해 체계적으로 뒷받침되어야 한다.

하지만 아쉽게도 기초문화재단 구성원들은 이 같은 행정 체계를 학습할 수 있는 제도적 시스템이 부재하여 상급 기관의 감사나 평가, 시행착오를 통해 경험적으로 습득해 나가는 실정이었다. 특히 기초문화재단의 경우 공공도서관을 중심으로 자치구 도시관리공단에서 분리되어 설립된 사례가 많아 출자기관과 출연기관의 회계 지침, 수익성과 공익성에 따른 사업 운영 방식, 예산 편성과 회계 처리, 사업 목적의 설정과 집행 방식 등에 대한 구별 없이 혼재된 상태로 업무를 전개하는 사례가 빈번하였다.

이 같은 문제를 해결하고 동시에 문화행정의 토대를 마련하여 조직 구성원의 직무 안정성과 업무 효율성을 높이기 위해 총 7개 분야에 걸친 '문화재단 업무매뉴얼'을 제작하였다.

먼저 외부 평가기관의 직무분석 결과를 바탕으로 직군별, 직무별, 사업별 T/F팀을 구성하였다. 각 팀은 문화행정에 필요한 사항을 세분화하여 자료를 수합하였으며 시간이 다소 걸리더라도 노무, 재무·회계, 시설 안전 분야에 있어서는 전문가의 검토와 자문을 반드시 거치도록 했다. 그 결과 가장 먼저 문서 작성법과 공연·축제·전시·홍보 전반을 아우르는 '문화재단 행정매뉴얼'을 완성하였고, 각종 관련 법령과 조례, 정관과 규정 등을 정리한 '문화재단 관련법령집'을 제작하였다.

지방자치단체 출자기관과 출연기관

구 분	출자 기관	출연 기관
해당기관	지자체 도시관리공단 등	지자체 문화재단 등
설립목적	경제적 목적(수익성 추구)	공익적 목적(사회적 가치 추구)
설립자금	시·군·구 초기 출자금	시·군·구 초기 출연금
운영예산	자체 수익창출, 재정자립	매년 공공예산, 출연금 지원
예산편성	사업목표에 따라 자율 편성	상위기관 통제아래 예산 편성
회계방식	자산회계 기반, 민간기업방식	사업비와 관리비 분리, 정부회계방식
운영시설	주차장·체육센터·공공청사·자원재생 등 관리운영	도서관·공연장·전시장·축제·공연 등 관리운영

다음으로 예산과 결산, 계약과 집행, 수입과 지출, 급여 관리 등을 체계적으로 관리할 수 있는 '문화재단 재무·회계매뉴얼'을

성동문화재단 7개 분야 업무매뉴얼
- 행정 매뉴얼
- 재무·회계 매뉴얼
- 6대 실천과제 매뉴얼
- 복지 매뉴얼
- 관련법령집 매뉴얼
- 시설안전 매뉴얼
- 도서관 업무 매뉴얼

정비하였다. 이 과정에서 지방자치단체 출연기관에 대한 회계기준이 모호하여 표준화 작업에 애를 먹기도 했다. 이와 함께 시설관리와 안전사고 예방, 보건위생에 관한 '문화재단 시설안전매뉴얼'이 제작하였고, 윤리·인권 경영, 부정부패 척결, 고객 친절 서비스, 직장 내 갑질 근절, 성희롱·성추행 등 성범죄 예방, 개인정보 보호 등 '문화재단 6대 실천과제매뉴얼'을 완성하였다. '문화재단 도서관 업무매뉴얼'에서는 도서관 시설 및 자료 현황, 장서개발과 관리, 도서관 행정, 독서문화프로그램, 도서관 관련 법령 등을 종합적으로 정리했다. 마지막으로 '문화재단 복지매뉴얼'에서는 영유아(어린이집), 청소년(문화의집·상담복지센터), 초등 돌봄(아이꿈누리터·지역아동센터) 시설 등 수탁기관의 운영에 필요한 행정 일반, 시설 안전과 소방 점검, 보건위생, 관련 법령 등을 정리하여 수록하였다. 총 7권으로 정비한 문화재단 업무매뉴얼을 볼 때면 속이 후련하면서도 어떻게 만들었나 싶을 때가 많다. 지치고 힘들어 외면하고 싶고 대충 정리하거나 포기하고 싶은 고비가 찾아올 때마다 스스로 되새겼던 말이 있다.

'눈 덮인 들판을 걸어갈 때 모름지기 함부로 걷지 마라.
오늘 걷는 나의 발자국은 반드시 뒷사람의 이정표가 된다'
踏雪野中去 不須胡亂行 今日我行蹟 遂作後人程

문화행정의 꽃을 피우기 위해 누구도 먼저 걷지 않았던 길을 걸으며 스스로에게 다짐하며 되뇌었던 문장이다.

지역과 세계를 잇는 지역문화재단

문화체육관광부 장관 정책보좌관으로 재직하던 시절의 일이다. 어느 날 주한 중국문화원 개원 15주년 행사에 문화체육관광부 장관을 초청하고 싶다는 연락을 받았다. 담당 국·과장과 상의했더니 장관 참석은 어렵다는 답변이 돌아왔다. 여러 이유가 있었지만 핵심은 다음과 같았다. 장관급 행사가 아니며 기존 관행에도 맞지 않고 향후 주한 해외문화원 개원 행사에 모두 참여할 수 없다는 논리였다. 일견 타당해 보였지만 변화된 환경에 능동적으로 대처하기보다는 관행에 의존하고 있다는 생각이 들었다. 우여곡절을 겪은 후 장관의 참석이 결정되었고 행사 직후에는 중국의 주요 언론 매체들(신화통신, 인민일보, CCTV) 인터뷰까지 이어졌다. 이 자리에서 한국 문화를 소개하고 한중 문화 교류 협력의 비전과 의미를 직접 전달할 수 있었다. 이 경험은 필자가 한국에 주재하고 있는 해외문화원에 관해 관심을 두게 된 계기였다. 단순한 외교적 예우나 행사 참여를 넘어 문화 외교의 실질적 계기를 어떻게 만들고 연결할 수 있을지를 고민하게 된 순간이었다.

주로 서울에 둥지를 틀고 있는 해외문화원들은 한국인에게 자국의 전통과 우수한 문화예술을 알리기 위해 다양한 교류협력 사업을 펼치고 있는데 유럽에서는 프랑스, 독일, 영국, 스페인, 이탈리아, 헝가리, 체코, 러시아, 튀르키예를 비롯해 아시아의 중국, 일본, 인도, 베트남 아메리카 대륙의 미국, 캐나다, 콜롬비아 등이 독립적인 문화원을 운영하거나 대사관 내 문화부(과)를 설치하고 활발한 문화외교 활동을 전개하고 있다.

그동안 우리나라의 문화예술을 세계에 알리는 데 초점을 맞춰 해외에 있는 한국문화원을 거점으로 문화외교 활동에 집중한 면이 없지 않다. 그러나 글로벌 K-컬처 흐름과 맞물려 이제는 세계인들이 우리 문화에 관심을 갖고 한국을 찾는 실정이다. 그렇다면 시행착오를 감수하며 무조건 해외로 나갈 것이 아니라 한국에 주재하는 해외문화원과의 교류협력을 통해 내실을 챙기며 그들의 문화와 조화를 이뤄가는 노력도 중요하다. 관점을 전환하면 행동의 폭이 넓어질 때가 있다. 일방적 사고에서 상호적 사고로 바꾸고 문을 두드려 보기로 했다.

지피지기(知彼知己)란 말이 있다. 상대방을 알고 나를 알기 위해서는 역지사지(易地思之)의 입장에서 접근해야 한다. 주한 해외문화원의 주요 사업들을 조사·분석하고 그들이 아쉬워하거나 필요로 하는 것이 무엇인가를 살피고 검토했다. 동시에 우리 도시가 보유한 문화적 역량과 자원을 구체적으로 파악하고 이를 바탕으로 실질적이고 적극적으로 활용할 수 있는 협력 사업들을 모색하였다. 그 결과 해외문화원들의 절실한 요구사항은 ▲공연장·전시장 등 문화 인프라 ▲관객 동원 ▲효과적인 홍보 등이었다.

이에 반해 해외문화원이 보유하고 있는 문화콘텐츠는 다양했다. 각종 수교, 국경일 행사 등으로 방한하는 자국 예술단의 수준 높은 공연을 비롯하여 영화 상영, 미술품과 사진 전시, 전문 예술가와 문화기획자 초청 강연회와 워크숍 등 매력적인 콘텐츠가 풍부했다.

우리가 보유한 문화 인프라를 공유하며 교류 협력사업을 전개한다면 세계 각국의 우수한 문화예술을 지역 주민에게 선보일 수 있을 뿐 아니라 사업 예산도 절감하고 구성원에게는 글로벌 마인드를 함양시킬 수 있는 더없이 좋은 기회가 될 것이라 기대되었다.

천 리 길도 한걸음부터요, 시작이 반이라 하지 않았던가!

먼저 쉽게 접근할 수 있는 영화 상영회부터 협력사업의 문을 열기로 했다. 그렇게 2022년 11월 중국 영화 상영회를 시작으로 진행한 '세계 영화 상영회'는 이탈리아, 헝가리, 체코, 스페인, 독일, 인도, 베트남, 콜롬비아 영화로 이어졌는데, 그동안 성동문화재단 자체 사업으로 기획되어 추진해 온 '다양성동 영화제'와 결합하여 점차 영화의 도시로 변모하고 있다.

이와 함께 기초문화재단 최초로 주한 중국문화원, 이탈리아문화원, 리스트헝가리문화원, 체코문화원, 독일 괴테 인스티튜트, 스페인 세르반테스문화원, 인도문화원, 일본문화원 등과 업무협약(MOU)을 체결하였다. 이를 계기로 해외문화원이 자국의 국경일과 수교 행사 등에 초청한 민속예술단 공연, 전통·현대무용단 공연, 클래식 음악회, 만담 토크, 미술품과 사진 전시회 등 다양한 문화행사들이 소월아트홀과 성수아트홀에서 펼쳐지고 있다.

해외문화원들은 성동구가 보유한 공연장, 전시장에서 자국의 우수한 문화예술 콘텐츠를 효과적으로 홍보할 수 있고 성동문화재단은 저예산으로 훌륭한 공연과 다양한 예술작품을 지역주민에게 선보일 수 있게 된 것이다. 이처럼 열린 마인드로 서로의 애로사항을 수용하고 상호 부족한 부분을 채워가는 과정에서 기관 간 신뢰가 싹튼다. 앞으로 이렇게 형성된 신뢰를 바탕으로 성동에 둥지를 틀고 있는 다양한 공연단체와 문화예술인들이 해외무대로 진출할 날을 기대한다.

편식을 경계하는
주민 친화적 공연기획

전국 17개 광역자치단체와 226개 기초자치단체는 300석에서 2,000석 규모의 공연장을 기반으로 다양한 공연을 펼쳐 나가고 있다. 이들 공연장은 국민의 세금으로 건립된 공공시설로 광역과 기초 문화재단에 대부분 위탁되어 관리·운영되고 있는데 공연장 운영 방식은 크게 두 가지로 나뉜다. 첫째는 문화재단 예산을 투입하여 지역 주민들이 저렴한 비용으로 공연을 관람할 수 있도록 자체 공연을 준비하는 기획공연 사업과 외부 공연기획사나 예술가들에게 공연장을 임대해주고 대관료를 받는 대관 공연 사업이다. 안타까운 점은 대부분의 문화재단이 사업예산 부족으로 인해 기획공연보다 대관공연 중심으로 운영되고 있으며, 이마저도 대중성과 상업성에 초점이 맞춰져 특정 장르, 이를테면 대중가수 공연 등에 편중되고 있다는 점이다. 한 걸음 더 나가 기획공연의 비중이 작아지면서 공연장을 관리·운영하는 인력 구조에도 문제가 발생한다. 공연기획자, 무대·음향·조명 감독, 객석·관람객 담당 하우스매니저, 시설관리자 등으로 구성된 공연장 전문 인력은 기획공연이 적다 보니 다양한 공연기획과 새로운 공연기술 습득 기회가 부족하여 경험 축적과 전문성 한계에 봉착해 있고 심지어 대관공연이 늘면서 외부 전문 기획사에 의존하는 악순환도 문제점으로 지적되고 있다.

사정이 이렇다 보니 전국에 산재해 있는 공연장의 연간 가동률은 대관공연을 포함해도 평균 60%에 미치지 못하는 실정이다. 이러한 상황에서 공연장과 공연 프로그램을 사실상 독점적으로 관리·운영하고 있는 지역문화재단이 사업예산과 공연기획력, 협력 네트워크의 한계로 예술 장르의 다양성을 외면한다면 지역주민들은 편중되고 획일적인 문화예술 소비자로 전락할 수 있는 위험에 빠질 수 있다. 따라서 지역주민들에게 문화예술 상품을 공급하는 문화행정의 주체들은 문화 소비자들이 특정 장르에 편중되지 않고 편식하지 않도록 다양하고 균형 잡힌 예술상품을 기획하고 유통할 수 있도록 항상 주의를 기울여야 한다.

성동문화재단은 520석 규모의 소월아트홀과 350석 규모의 성수아트홀을 성동구청으로부터 수탁받아 관리·운영하고 있다. 두 공연장을 활성화하고 특화시켜 나가기 위해 다양한 검토가 이루어졌다. 먼저 무대 규모, 객석 상태, 음향·조명 시설, 출연자·관람객 대기 공간, 접근성 등을 종합적으로 분석하였다. 이를 바탕으로 중극장 규모의 소월아트홀은 대중가수, 오페라, 콘서트, 발레, 오케스트라 공연 중심, 소극장 규모인 성수아트홀은 연극, 클래식, 무용, 영화 상영, 어린이·청소년 대상 공연장으로 특화한다는 목표를 세웠다. 이에 따라 장르별 특성에 부합하는 다양한 공연 프로그램을 기획하였다. 그러나 현실적으로 턱없이 부족한 예산 문제가 가장 큰 난제였다. 이를 극복하기 위해 먼저 공연기획자의 역량강화에 집중했다. 국립 오페라단, 합창단의 초청공연과 공연 관계자 네트워크 형성, 대한가수협회 및 한국실연자연합회, 장르별 전문 기획사 등과 업무협약(MOU)을 체결하여 실무 경험과 노하우를 공유해나갔다. 다음으로 정부 및 공공기관의 각종 공모사업을 적극 발굴해 추가 예산을 확보했다. 마지막으로 우수한 콘텐츠를 보유한 주한 해외문화원, 한국예술종합

성동문화재단 기획공연 시리즈

- 1월, 7월   신년음악회, 청소년을 위한 영화 OST 콘서트
  (성악, 오케스트라)
- 3월, 12월   봄바람 콘서트, 송년음악회,
  타악기앙상블(성악, 대중가수, 타악기)
- 4월, 11월   국내·해외 테마 여행콘서트(성악, 대중가수, 클래식)
- 4월, 10월   오페라 공연
- 5월, 12월   발레 공연
- 6월   뮤지컬페스티벌, 힙합페스티벌
- 8월   톡톡 클래식 공연
- 9월   연극예술프로젝트, 재즈페스티벌

학교 연극원, 한양대학교 음악대학 그리고 다양한 국내 문화단체들과의 협력을 통해 장르의 경계를 넘나드는 공연 프로그램을 기획하고 공유할 수 있게 했다. 이 같은 시도를 통해 마련된 것이 성동문화재단의 레퍼토리 기획공연 시리즈이다.

이 가운데 특별히 소개하고 싶은 기획공연은 '여행콘서트'와 '미니어처 오페라'이다.

2020년 2월 코로나19 바이러스가 국내에 퍼지면서 문화예술시장은 꽁꽁 얼어붙어 그야말로 초상집 분위기였다. 4인 이상 모임이 금지되자 영화관, 공연장, 미술관 등 대부분의 문화시설은 사실상 개점휴업 상태를 유지해야 했다. 온라인을 통한 랜선 공연 등 문화예술가들의 생존을 위한 시도가 이어졌지만 물리적 한계와 심리적 피로를 넘기엔 역부족이었다. 그럼에도 불구하고 문화예술과 관광에 대한 갈망은 모든 국민이 공유하는 또 다른 희망이자 기대였다.

그렇게 2년여의 암흑기를 지나 백신과 치료제, 진단키트가 개발·보급되고 마스크 착용과 거리두기를 전제로 방역수칙이 완화되자 시민들은 가장 먼저 문화공간을 찾아 마음의 여유와 힐링을 경험하기 시작하였다. 하지만 여전히 해외여행은 사실상 불가능했고 여전히 국민은 여행에 대한 갈망은 좀처럼 해소될 기미가 보이지 않았다. 바로 이 갈증을 풀어주기 위해 기획된 공연이 '여행콘서트'였다. 소월아트홀 무대에 해외의 주요 여행지를 영상으로 재현하고 그곳과 연관된 음악을 연주하며 추억과 감정을 소환하는 공연 콘셉트였다.

여행을 떠나기 전의 설렘, 여행지에서의 즐거움, 여행을 마치고 돌아와 사진과 영상을 보며 느끼는 그리움까지, 그 모든 감정을 무대 위에서 간접적으로나마 전달하고자 했다.

공연 연출에도 세심한 아이디어가 더해졌다.

티켓은 탑승권 형식, 팸플릿은 여권 디자인, 하우스 매니저는 승무원 복장, 관객 대기 공간은 공항 라운지로 꾸며졌다.

그야말로 무대 전체가 여행지로 향하는 하나의 여정이 되었고 관객은 그 여정에 함께 탑승한 '승객'이었다. 결과는 대성공이었다. 공연이 끝난 후 관객들은 연신 엄지척을 보내며 환호했고 어떤 이들은 눈물을 흘리며 "마음의 힐링을 얻었다"라며 고마움을 표현했다. 이처럼 시민들의 정서적 욕구를 정확히 짚어낸 여행콘서트는 단숨에 뜨거운 반응을 불러일으켰고 앵콜 공연으로 이어졌다. 이후 '열차를 타고 떠나는 국내여행 콘서트'와 '미술관으로 떠나는 명화여행 콘서트', '영화 속으로 떠나는 OST콘서트' 등 여행주제를 바꿔가며 확장되고 있으며 소월아트홀의 대표 공연으로 자리매김하고 있다.

　우리나라 국민 중에 1년에 한 번, 아니 평생을 살면서 오페라나 발레 공연을 한 번이라도 관람해 본 적이 있는 사람이 과연 얼마나 될까? 이 물음은 막연한 추측이 아니라 직접 확인해 본 경험에서 비롯되었다. 문화재단 직원 100여 명을 대상으로 조사를 한 적이 있다.

　"최근 1년 이내에 오페라나 발레를 관람한 적이 있습니까?"라는 질문에 손을 든 사람은 단 한 명도 없었다.

　"그럼 3년 이내에는?" 10여 명이 손을 들었다.

　"그렇다면 평생을 통틀어 오페라나 발레를 관람한 적이 있습니까?"에 이르러서야 50~60여 명이 쭈뼛쭈뼛 손을 들었다. 언제 봤냐고 물으니 대부분은 어릴 적 부모님 손에 이끌려 본 기억이

있는 것 같지만 정확히 어떤 공연이었는지는 기억나지 않는다는 답이 돌아왔다.

오페라는 종합예술이라 불린다. 음악, 연기, 무대, 의상이 어우러져 한 편의 드라마를 연출하기 때문이다. 그러나 현실에선 대중이 오페라에 접근하기에는 여전히 쉽지 않다. 공연장이 밀집된 서울에서조차 예술의전당이나 세종문화회관 등 국공립 대형 공연장에서나 접할 수 있다. 그마저도 연간 제작 편수 자체가 적고 관람료 또한 부담스러워 '큰 결심' 없이는 도전조차 어려운 장르가 되어버렸다. 자녀 교육을 위해 어렵게 구매한 오페라 티켓을 들고 가족과 함께 공연장을 찾는다 해도 문제는 남는다. 무대 위에서는 이탈리아어나 독일어로 된 아리아가 펼쳐지고 모니

터의 자막을 따라가려니 무대에서 펼쳐지는 연기에 집중하기가 어렵다. 어느새 동행한 자녀는 지루함에 잠이 들고 공연이 끝나기도 전에 부모는 "이걸 왜 보라고 했지?"라는 생각에 짜증이 밀려온다. 그리고 다시는 오페라라는 단어를 거론하지 않게 된다.

자녀들 역시 공연의 내용은 기억나지 않고 그저 무대 의상이 화려했다는 막연한 인상만 남는다. 다소 과장된 묘사일지 모르나 많은 이들이 공감하지 않을까 싶다. 왜 그럴까?

먼저 일반인들이 오페라나 발레에 접근하기가 쉽지 않다. 연간 제작되는 작품 수 자체가 적을 뿐 아니라 대다수는 서울 등 일부 대도시에 집중되어 있다.

둘째 관람 비용이 부담스럽다. 가족 단위 관람은 티켓 가격만으로도 수십만 원이 들기 때문에 일상 속 여가 활동으로는 접근하기 어렵다.

셋째 사전 정보나 이해 없이 접하기에 장르적 진입장벽이 높다. 무대 위 언어는 낯설고 이야기 흐름도 어렵고 익숙하지 않은 음악에 감정 이입하기도 쉽지 않다.

그러나 지금 이 순간에도 전국의 수많은 음악대학에서 성악을 전공하는 학생들은 국내외 콩쿠르에 도전하고 힘든 유학 생활을 마치고 돌아와 오페라 무대에 서는 것을 꿈꾸지만 정작 실력을 뽐낼 기회조차 주어지지 않는다. 실력을 인정받고 경쟁에서 살아남는 것이 예술가의 숙명이긴 하지만 변화하는 문화예술 시장에서 국립단체 중심으로 돌아가는 오페라 생태계는 시대의 흐름에 둔감해 보인다.

한국문화예술회관연합회 소속 221개 회원사가 보유한 공연장 수는 전국적으로 254개[72]에 이른다. 이처럼 기반은 충분한데도 왜 오페라의 저변확대는 이토록 어려운 일일까? 정통 오페라를 선호하고 작품성과 예술성을 추구하는 이들에겐 다소 불편하게 들릴 수 있겠지만 우리는 다른 접근을 시도해 보기로 했다. 바로 지역주민들이 더 친근하게 접할 수 있고 젊은 성악가와 클래식 연주자들이 자주 무대에 설 수 있으며 아이들도 이해할 수 있는 대중적 오페라, 즉 '미니어처 오페라'를 소월아트홀에서 선보이기로 한 것이다.

조명과 음향 효과를 극대화하고 오페라 전용 극장과 달리 무대와 객석의 좁은 간격은 친밀감을 높일 수 있는 장점으로 활용하였다. 또한 무대장치와 의상에 집중하되 통상 40인조~50인조에 이르는 대규모 오케스트라를 1/5~1/10로 축소하고 친근감 있는 멜로디로 심리적 장벽을 낮추는 데에도 힘을 쏟았다. 2시간~3시간에 달하는 오페라의 러닝타임을 80분~90분으로 각색하고

---

[72] 2025년 기준

무대 크기에 맞춰 아리아와 중창을 살리되 합창은 과감히 생략하는 등 작품의 본질과 줄거리는 유지하되 관객 친화적인 구성을 통해 대중성과 예술성을 조화시키고자 했다. 그 결과 『라 트라비아타』, 『카르멘』, 『라 보엠』, 『토스카』, 『박쥐』, 『마술피리』, 『나비부인』, 『사랑의 묘약』, 『피가로의 결혼』 등 세계적인 오페라 명작들이 미니어처 버전으로 소월아트홀 무대에 올려질 수 있었다.

"세상에! 소월아트홀에서 이런 오페라를 다 보게 될 줄이야!"

관객의 한마디가 이 기획의 성과를 고스란히 증명해 주었다.

지역축제의
글로벌화 전략

전국의 지방자치단체들은 지역 고유의 문화와 특색을 알리고 주민들의 화합을 도모하기 위해 문화·자연·특산물·역사 등을 주

제로 다양한 지역축제를 진행해 오고 있다. 21세기에 접어들면서 지역축제는 단순한 지역행사를 넘어 관광객 유치를 통해 지역 상권이 활성화하고 일자리를 창출해 지역경제에 기여할 수 있는 전략사업으로 인식되기 시작했다. 이에 따라 다른 지역과의 차별화를 위한 독창적인 콘텐츠 개발과 관광자원 홍보 노력이 본격화하고 있는데 일회성 행사가 아닌 지속가능한 지역축제로 성장시켜 나가기 위해서는 무엇보다 지역 주민의 주도적 참여와 민관 협치 시스템이 중요한 성패 요인으로 작용한다.

성동구 역시 지역 주민의 화합과 외부 관광객 유치를 위해 다양한 축제를 개최하고 있다. 대표적으로 응봉산 개나리 축제, 두모포 뮤지컬 페스티벌, 서울숲 힙합 페스티벌, 서울숲 재즈 페스티벌, 크리에이티브X성수, 태조 이성계 사냥행렬 축제 등이 있다.

이 중 응봉산 개나리 축제를 제외한 다섯 개 축제는 성동문화

재단이 주관하고 있다. 두모포 뮤지컬페스티벌은 조선 세종 원년(1419년)의 역사적 기록에 기반 해 기획된 축제이다. 왜구의 노략질에 맞서 그 본거지였던 대마도를 정벌하고자 출병하는 이종무 등 8인의 장군을 격려하며 두모포(한강과 중랑천이 만나는 현 옥수 한강공원 인근)에서 연회를 베풀었다[73]는 역사적 사실에 근거하여 지난 2019년에 시작한 축제이다.

서울숲 힙합 페스티벌(2022년)과 서울숲 재즈 페스티벌(2017년)은 각각 여름과 가을, 서울숲이라는 도심 속 자연 공간에서 열리는 음악 축제로 국내외 유명 아티스트들이 참여하는 수준 높은 공연과 열린 문화의 장으로 성장하고 있다. '서울의 허파'라 불리는 서울숲에서 펼쳐지는 이 축제들은 도심 속 여유와 예술을 함께 누릴 기회를 제공한다.

크리에이티브×성수는 2023년 처음 시작된 글로벌 문화창조산업 축제로, 성수동 전역에서 지역에 뿌리내린 창조기업, 아티스트, 문화시민들이 한데 어우러져 기업과 예술, 산업이 융합된 새로운 글로벌 축제를 선보이고 있다. 마지막으로 태조 이성계 축제는 조선시대 임금들의 대표적인 사냥터였던 살곶이벌(현 살

---

73 세종실록 4권, '세종 원년(1419년) 음력 5월 18일, 왕이 친히 두모포 백사장에 나와 이종무 등 장군 8명, 군사 700여명에게 출정명령을 내리고 격려하였다'라고 기록

곶이다리) 무대로 펼쳐지는 전통문화 축제이다. 태조 이성계의 사냥 행차를 재현한 거리 퍼레이드(문무백관, 사냥부대, 몰이꾼 행렬 등)를 비롯해 전통문화 공연, 각종 체험 프로그램 등을 통해 웅장하고 화려한 볼거리와 역사 체험의 기회를 제공한다.

이처럼 다양한 지역축제를 추진해 나가는 과정에서 성동문화재단이 특히 역점을 두는 것이 있다.

첫째 축제 성격에 맞춰 기획 단계부터 T/F팀을 구성하여 운영하는 것이다. 어떤 사업이든 기획이 탄탄하면 성공 가능성이 높지만 지역축제처럼 매년 한정된 예산과 기획력으로 차별화된 아이디어를 도출하고 지속가능한 프로그램을 구성하기란 매우 어려운 일이다. 지역축제는 일반적으로 사전행사(행렬, 식전 공연 등)와 본 공연 행사(대중음악, 뮤지컬, 오페라, 힙합, 재즈, 전통 공연 등) 그리고 부대행사(체험 행사, 전시, 먹거리 장터 등)로 구성된다. 주로 본 공연행사를 중심으로 주제가 결정되고 이는 다시 사전행사와 부대행사 구성에 영향을 미친다. 따라서 기획 단계에서 주제를 설정할 때는 축제 성격에 맞는 역사성과 현장성, 대중성과 예술성, 독창성을 충분히 논의할 수 있는 소통과 협력시스템을 반드시 함께 설계해야 한다. 이러한 구조적 접근이야말로 한정된 예산과 인력, 창의적 콘텐츠 기획의 부담을 해결할 수 있는 토대이기 때문이다.

둘째 정확한 데이터에 기반하여 관광(관람)객 유치 현황을 파악하고 지역경제에 미치는 파급효과를 체계적으로 산출하려는 노력이다. 문화예술 종사자들은 흔히 '숫자에 약하고 통계에 소홀하며 경제에 무관심하다'라는 식의 편견과 선입견을 과감히 탈피해야 한다. 현대사회는 정성평가보다 정량평가 중심의 계량화된 데이터가 더 큰 설득력을 갖고 있으며 자원과 예산을 확보하는 데에 핵심 도구로 작용하고 있다. 따라서 축제의 기획·운영 전반에서 가능한 모든 분야에 통계의 중요성을 인식시키고 데이터를 체계적으로 축적해 나가야 한다.

더욱이 지금 우리 사회는 개인주의를 넘어 고립주의, 혐오주의가 확산하며 심각한 사회적 갈등과 심리적 위기를 초래하고 있다. 이런 상황에서 지역의 문화축제가 지역주민을 화합하고 공동체를 복원하는 데 실질적인 효과가 있다는 계량적 지표와 정신·심리적 치유 효과에 관한 연구 데이터가 함께 제시된다면 사람들이 지역축제를 대하는 태도 역시 바뀔 것이기 때문이다. 나아가 축제를 통한 지역상권 활성화, 일자리 창출 등의 경제적 효과가 구체적인 수치로 산정·누적된다면 그 자체로 축제는 의미 있고 생산적인 지역전략 사업으로 자리매김하게 될 것이다.

마지막으로 지역축제의 글로벌화다. 이미 우리나라의 문화예술 콘텐츠는 전 세계인이 즐기는 글로벌 기호품이 되었다. 드라마, 영화, K-Pop에 국한되지 않고 이제는 전통문화와 지역문화로까지 확장되는 흐름이 본격화되고 있다. 이러한 변화에 발맞춰 서울숲 힙합 페스티벌, 재즈 페스티벌, 크리에이티브×성수 등을 처음부터 글로벌화를 목표로 추진하였다. 하지만 현실적으로 대부분의 지역축제는 여전히 기획 단계부터 관심과 대상이 지역주민과 내국인에 머물러 있다.

이유가 무엇일까? 다양한 논거가 있겠지만 변화된 글로벌 문화 경쟁력에 초점을 맞추기보다 지역축제를 시작할 때의 관성적 인식에서 크게 벗어나지 못하기 때문은 아닐까. 그러나 기획 단계부터 외국인 관광객과 다문화 관객층을 염두에 둔다면 출연진 구성, 홍보·마케팅, 영상과 콘텐츠 제작, 자원봉사자 선발과 교육에 이르기까지 전반적인 운영 방식에 대한 변화의 노력이 수반되어야 한다. 물론 이 과정에는 예산의 한계, 인력 부족, 추진 주체의 의지 문제 등 여러 현실적 제약이 따른다. 하지만 그렇다고 포기하기에는 너무 많은 가능성이 놓여 있다. 첫술에 배부를 수는 없다. 시대의 흐름을 읽고 사고의 폭을 넓히는 일부터 시작한다면 그것이야말로 천 리 길의 첫걸음이 될 것이다.

성동에서 싹트는
K-컬처의 미래

성동구에는 2012년 창단되어 관내 문화사절단으로 활발하게 활동하고 있는 '성동구립 꿈의 오케스트라'[74]가 있다. 초등학교 3학년부터 중학교 3학년까지 60여 명의 청소년들로 구성되어 주 2회 방과 후 수업을 통해 실력을 갖춘 오케스트라로 꾸준히 성장하

---

74 1975년 경제학자이자 음악가였던 호세 안토니오 아브레우(Jose Antonio Abreu)박사가 남아메리카 베네수엘라 빈 민가 아이들을 위한 음악교육 프로그램인 엘 시스테마(El Sistema)를 설립하여 마약, 폭력 등 각종 위험에 노출되어 있던 아이들에게 음악으로 비전과 꿈을 심어주는 사회변화를 추구하는 프로그램이다. 이를 벤치마킹하여 문화체육관광부가 지난 2010년 도입하여 전국적인 네트워크를 기반으로 소외되는 아동·청소년 없이 모두가 음악을 통해 삶에서 가치를 찾도록 미래형 오케스트라 활동을 지원하는 사업이다. 꿈의 오케스트라(https://www.arte.or.kr) 참조.

고 있다. 하지만 창단 이후 10여 년이 넘는 세월 동안 악기 교체나 해외 교류연주회를 추진한 적이 한 번도 없었다. 직접적인 이유는 예산 문제였지만 근본적으로는 관심과 열정 그리고 K-컬처의 미래에 대한 투자와 의지의 부족이 아니었을까 하는 생각이 들었다.

만약 "우리 아이들이 음악을 통해 삶에서 가치를 발견하고 단원들과의 조화를 배우며 세상을 풍요롭고 아름답게 만들어 간다면 이보다 더 좋은 청소년 프로그램이 있을까?" 나아가 더 나은 악기로 실력을 쌓고 해외 연주회 경험을 통해 세계인의 찬사를 받는 연주자로 성장할 수 있다면 그것이야말로 진정한 '꿈의 오케스트라'가 아니겠는가. 이를 현실화하기 위해 가장 먼저 마주해야 할 과제는 예산 문제였다.

진인사대천명(盡人事待天命)이라는 말처럼 할 수 있는 모든 일을 다 해보자는 심정으로 기업과 개인 후원자 유치에 나섰다. 다행히도 취지에 공감하고 목적에 동의한 많은 이들이 동참해 주었다. 그 결과 두 번에 걸쳐 노후화된 악기를 교체할 수 있었고 2024년과 2025년 중국 쓰촨성에 있는 청두 제20중학교와 동천외국어학교, 윈단 공연장과 쓰촨 대극원, 쓰촨사범대학교에서 성동구립 꿈의 오케스트라의 해외 교류연주회를 성공적으로 개최할 수 있었다. 그뿐만 아니라 청두 제20중학교와 어윈, 링시 청소년 오케스트라, 사천성 민가예술촉진회 등과 업무협약을 맺고 지속적인 교류협력 사업을 전개해 나가기로 하였다.

나날이 성장하는 성동 꿈의 오케스트라 단원들을 볼 때면 이들이 펼쳐나갈 10년, 20년 후 K-컬처의 미래를 상상해 본다. 뉴욕 카네기 홀에서, 밀라노 라 스칼라 극장에서, 시드니 오페라 하우스에서, 파리 오페라 가르니에와 런던의 로열 오페라 하우스에서 그리고 세계 곳곳 어딘가에서 음악의 나래를 펼치고 있을 우리 아이들의 꿈과 열정을 생각하니 저절로 미소가 머금어진다.

다음으로 소개할 사업은 2023년 문화체육관광부 산하 공공기관인 한국문화예술교육진흥원의 공모 사업에 선정되어 진행하고 있는 성동 꿈의 무용단이다. 이 사업은 춤을 통해 청소년들이 건강하고 다면적으로 성장할 수 있도록 지원하며 다양한 계층과 문화적 배경을 지닌 아이들이 함께 어울려 자신의 가치관과 정체성, 미래 역량을 키울 수 있도록 돕는 것을 목표로 한다.

성동 꿈의 무용단은 놀이반(20명)과 기량반(20명) 등 총 40명으로 구성되어 스트릿 댄스 국가대표 감독 출신을 영입해 주 2회에 걸쳐 안무와 창작, 개발과 표현 교육을 체계적으로 진행하고 있다.

스트릿 댄스(Street Dance)는 1970년대 미국 뉴욕의 흑인 문화에서 출발하여 흔히 비보이(Breakdancing-boy)나 크루(Crew-같은 목표나 관심사를 가진 사람들의 모임)등의 이름으로 알려져 있다. 이 장르는 힙합(Hip Hop), 브레이킹(Breaking), 팝핑(Popping), 락킹(Locking), 왁킹(Waacking), 크럼핑(Krumping), 하우스 댄스(House Dance) 등 다양한 형태로 분화·발전해 왔다.

특히 2000년대 이후 우리나라 청소년들이 손과 발, 상체와 하체, 근육 등을 활용한 창작 안무와 표현 능력에서 탁월한 실력을 보여주며 세계 무대에서 주목받기 시작했다. 유튜브를 비롯한 글로벌 오디션 프로그램과 세계 각국의 댄스 페스티벌을 통해

저스트 절크(Just Jerk), 엠비크루(MB crew), 진조크루(Jinjo crew), 갬블러크루(Gamblerz crew), 원밀리언(1Million) 등의 팀이 한국 스트릿 댄스의 위상을 드높여 왔다.

주목할 점은 스트릿 댄스의 한 갈래인 브레이킹 댄스가 2022년 항저우 아시안게임에 이어 2024년 파리올림픽에서도 정식종목으로 채택되었고 단순한 춤을 넘어 공식 스포츠로 인정받기 시작했다는 사실이다. 따라서 이제는 스트릿 댄스를 단순한 청소년 동아리 활동으로 취급하는 것이 아니라 스포츠이자 예술로, 나아가 세계인이 주목하는 국제 경쟁 스포츠로 보는 사고의 전환이 이뤄져야 한다. 이미 세계적 수준에 오른 우리 청소년들이 과거와 현재의 영광에 머무르지 않고 미래로 나아갈 수 있도록 체계적인 투자와 지원 역시 뒤따라야 할 것이다.

나는 오늘도 성동 꿈의 무용단 단원들이 손짓과 발짓, 몸짓으로 전하는 감동의 무대를 떠올린다. 그리고 날로 성장해 가는 아이들의 밝은 미래를 그리며 희망의 날개를 펼쳐 본다. 이들이 대한민국을 넘어 세계인의 마음을 사로잡고 아시안게임과 올림픽을 제패하는 날이 머지않았음을 확신하기 때문이다.

피로와 고립의 장막을 허무는 생활문화

생활문화(生活文化)란 일상에서 삶을 영위하며 자연스럽게 형성된 문화를 통칭하는 개념으로 사회 구성원이 삶을 보다 풍요롭고 행복하게 만들기 위해 습득하고 공유하며 전달하는 행동양식과 그 과정에서 이뤄낸 물질적·정신적 성과를 아우른다. 그동안 문화예술 활동은 타고난 재능이나 전문적인 학습, 도제식 교육을 통해 갈고닦은 전문 예술가의 전유물로 여겨져 왔다. 그러나 생활 수준의 향상과 평균수명의 증가로 생활문화의 저변이 빠르게 확산하면서 취미로 시작한 생활예술이 점차 전문가 수준에 버금가는 예술 활동으로 발전하고 있다.

예컨대 가정의 식기를 자신이 직접 빚은 도자기로 바꾸는 공예 활동부터 악기연주, 성악과 합창, 회화와 조각, 건축, 배우와 모델에 이르기까지 아마추어 수준을 넘어 전문 예술가로 성장하는 사례도 점차 늘고 있다. 이를 대변하듯 10대와 20대는 국영수(국어·영어·수학), 30~40대는 문사철(문학·역사·철학), 50대~60대 이상은 음미체(음악·미술·체육)가 개인의 인생과 삶의 질을 좌우한다는 말까지 회자하고 있는데 한국 사회가 고령화 사회를 넘어 초고령화 사회로 진입함에 따라 문화정책 역시도 이에 맞춰 음·미·체 중심으로 빠르게 바뀌고 있다. 이 같은 시대적 흐름과 맞물려 지역주민의 생활문화와 밀접한 연관을 맺고 있는 문화재단의 사업과 역할 또한 중요해지고 있다. 이에 성동문화재단에서 진행하고 있는 주요 생활문화 활성화 사업을 살펴보면 다음과 같다.

먼저 주민 친화형 생활문화 플랫폼을 조성하기 위해 가장 먼저 추진한 사업이 '성동예술정원' 프로그램이었다. 한국예술인복지재단과 연계하여 관내에 소재한 220여 개의 공방과 공예 작가를 파악하고 문화재단에서 발행하는 문화 잡지 '성동별곡'을 통해 작가와 공방을 소개하기 시작하였다. 이와 함께 소월아트홀 광장을 활용해 매월 2회에 걸쳐 공예 장터를 열고 공예 작가와 주민이 직접 만나는 소통의 장을 마련하였다. 이 같은 시도는 관내에서 개최되는 다양한 지역축제로 확대되어 아트마켓으로 정착되었는데 작가에게는 자신이 직접 만든 공예품을 소개·판매하고 지역주민들에게는 볼거리와 살거리를 제공할 수 있는 공간으로 자리 잡았다. 과거 국회 보좌관으로 재직하며 공예문화산업진흥법 제정에 관여했던 경험을 떠올리며 그 당시 절실하게 느꼈던 공예 작가들의 홍보·마케팅 문제 해결에 조금이나마 기여할 수 있음에 감사한 마음이다.

다음은 시니어패션모델협회와 진행한 '브라보 마이 시니어' 프로그램으로 어르신들이 일상에서 문화를 즐기고 세대 간 문화적 공감대를 형성할 수 있도록 기획되었다. 모델 교육과 연극 교육을 통해 숙련된 시니어 모델들은 런웨이 패션쇼로 데뷔 무대를 가질 뿐 아니라 지역 잡지의 표지모델로도 활약하고 있다. 아울러 지역 도예 공방과 협업하는 '인생자기(人生瓷기)' 프로그램은 생활도자기 전문 교육을 통해 창의적이고 다양한 작품의 제작뿐 아니라 전시 기회를 제공하고 도예 작가로 성장을 돕고 있다. 또한 카메라와 스마트폰을 활용한 사진 전문 프로그램 '메모리아'를 진행하고 있는데 촬영 기법 강의와 실습으로 촬영된 우수 작품은 전시회 및 문화재단의 달력과 다양한 홍보 이미지로 활용된다. 교육을 마친 수료생들은 '사진성동'이란 동아리를 결성하고 지속적인 활동을 이어 나가고 있다.

　마지막으로 음악 장르인 '청춘 버스킹'과 '골목 바이브' 사업이다.

　"지역에 터를 잡은 예술가들과 음식점이나 카페 등을 연결하고 동네 주민들이 일과를 마치고 아이들과 함께 할 수 있는 작은 음악회를 꾸준히 열 수 있다면 그것이야말로 저녁이 있는 삶이고 예술이 살아 숨 쉬는 삶이 아닐까?"라고 생각했다. 하지만 '누가, 어디서, 어떻게 할 것인가'의 문제가 고민거리였다. 이 역시 '시작이 반'이라는 심정으로 관내 지역을 4개 권역으로 나눠 공연을 펼칠 수 있는 주민 참여 공간을 살피고 지역 상가를 돌며 사업설명회를 진행하였다. 그 결과 청춘 버스킹 사업은 옥수역 한강공원과 왕십리역 광장, 소월아트홀 광장, 연무장 길, 서울숲 가

족마당, 용답 나들목, 지식산업센터 등의 야외무대로, 골목 바이브 사업은 디무무, 카페 연무장, 효 하우스, 더라이트 스튜디오 등으로 거점 공간이 마련되었다.

공간이 확보되자 공연을 전개할 예술가 발굴과 섭외가 진행되었는데 클래식과 재즈, 인디밴드, 퓨전국악 등 6개 팀 32명의 아티스트들이 동참하였다. 그 사이 사업팀에서는 이동식 무대와 음향, 조명 시설을 갖추고 프로그램 운영과 홍보 등 주민참여 플랫폼을 구축했다.

이처럼 공연장 접근성과 편리성을 높여 지역주민들이 친근하게 공연문화를 접할 수 있도록 기획된 청춘 버스킹과 골목바이브 사업은 관내 거점 상가와 주민참여 공간에서 지역 예술가와 음악대학 학생들이 연주자로 참여하는 생활문화 플랫폼으로 자리매김하고 있다.

문화예술은 함께 했을 때 비로소 힘을 갖는다. 함께할 수 있게 하는 힘도 문화예술에 있다. 대화가 메말라가는 시대에 동네음악회가 끝난 뒤 아이들이 엄마 아빠 손을 꼭 잡고 소곤소곤 이야기를 나누며 귀가하는 뒷모습을 볼 때면 말로 다 표현하기 어려운 감동이었다. 일과를 마친 주민들이 아이들과 함께 삼삼오오 모여든 모습은 문화를 매개로 마치 반상회를 하는 느낌이랄까. 어른도 아이들도 모두 음악을 통해 감동하고 행복해 하는 모습을 보며 전율이 밀려왔다. 이것이 바로 우리가 골목바이브 사업을 시작한 이유이며 앞으로도 이어가야 할 이유다.

독일에서 활동 중인 문화비평가 한병철은 『피로사회』에서 '피로는 폭력이다'라고 말하며 피로가 공동체와 공동의 삶 그리고 모든 친밀함은 물론 언어마저도 파괴한다고 주장한 바 있다. 이 말은 단순한 은유가 아니라 현대사회를 살아가는 우리가 모두 체감하고 있는 실존의 경고다.

실제로 우리가 경험한 코로나19 팬데믹은 전 세계인에게 깊은 피로감을 안겨 주었으며 나와 우리를 지탱하던 공동체의 삶을 파괴했다고 해도 과언이 아니다. 사회적 거리두기와 단절된 일상에서 사람과 사람 사이의 연결은 흔들렸고 공동체는 각자의 방 안으로 해체되었다. 경제학자이자 사회사상가인 노리나 허츠 역시 『고립의 시대』에서 말한다. "배가 고프면 허기가 지듯 타인과의 연결이 깨질 때 외로움의 장막이 드리워진다" 허기의 고통처럼 외로움도 단순한 감정이 아닌 사회적 고통이며 이 역시 인류를 붕괴시키는 또 다른 폭력의 형태라는 것이다.

이처럼 피로와 고립은 우리 삶을 침식시키는 이중의 폭력이다. 이로 인해 무너진 것은 육체만이 아니라 관계이며 회복이 필요한 것은 근육만이 아니라 공동체다. 그렇다면 우리는 피로사회, 고립의 시대를 어떻게 극복해 나갈 것인가?

바로 삶의 질을 높이는 생활문화에서 그 해답을 찾을 수 있다. 예술과 취향, 놀이와 참여, 연대와 환대가 공존하는 생활문화는 피로를 치유하는 정서적 인프라가 되어줄 수 있으며 이웃과 연결고리를 회복하게 하는 사회적 항체가 되어줄 것이다. 고립과 외로움의 장막이 걷히고 마음의 문이 활짝 열리는 곳. 그곳은 제도나 자본이 아닌 문화로 엮인 문화공동체다. 우리는 그 가능성에 투자해야 한다.

에필로그

사람이 먼저이고,
사람 사는 세상의 중심에 문화가 있다

 지난 2008년 국회를 떠나 잠시 SK텔레콤에 몸담으며 방송통신융합기술과 디지털콘텐츠 산업의 최전선을 경험할 기회가 있었다. 돌이켜보면 SK텔레콤에 몸담았던 2008년부터 2010년까지의 시기는 통신과 방송, 콘텐츠 시장 전반에 격변이 몰아치던 격동기였다. 2009년 미국 애플사가 만든 스마트폰(iPhone 2G)이 국내에 상륙하면서 KT를 필두로 SK텔레콤과 LG텔레콤을 통해 스마트폰 대중화의 신호탄이 울렸다. 이어 KT와 KTF의 유무선 합병과 뒤이은 SK텔레콤의 SK네트웍스 전용회선 인수합병이 이뤄지면서 거대 정보통신 기업이 탄생하였다. 동시에 TV조선·채널A·MBN 등 종합편성채널의 등장과 보도전문채널이 잇따른 허가는 KBS·MBC·SBS 등 기존 지상파 중심의 방송 질서를 뒤흔들며 미디어 지형의 판도를 바꿔놓았다.

 여기에 더해 스마트폰 보급과 맞물려 이뤄진 정보통신의 속도 경쟁, 디지털 콘텐츠 압축 기술 발전, 앱스토어를 선점하려는 게임콘텐츠 전쟁, 온라인 플랫폼 경쟁이 본격화되었다. 이는 이후 우리나라 산업과 세계시장을 뒤흔들 디지털 대전환의 서막이었다.

필자는 이 변화의 한복판에서 기업들이 '생존과 미래 먹거리' 사이에서 분투하는 현장을 직·간접적으로 목격할 수 있었다는 사실을 행운이라 여긴다. 단순한 기술 발전을 넘어 스마트폰 벨소리, 컬러링 음악 서비스와 앱스토어 기반의 게임 콘텐츠 모델은 문화와 문화예술, 문화콘텐츠산업에 대한 전통적 인식을 송두리째 바꾸어 놓았다. 이 변화들이야말로 영상 중심의 디지털 콘텐츠 시대로의 전환을 이끈 결정적 분기점이었으며 나는 그 현장을 한때 함께 걸었다.

그즈음 다시 생각하게 되었다. 김대중 대통령이 옳았다. 아니 그분은 선각자였다.

"고속도로를 깔았는데 그 도로를 달리는 자동차가 없다면 무슨 소용이란 말인가?"

정보고속도로 이른바 '8자망'이 전국에 깔리고 유·무선 통합이 이뤄지며 정보통신 속도와 압축 기술이 하루가 다르게 진화하고 있었다. 하지만 고속도로를 달릴 '디지털 콘텐츠'가 없다면 말짱 도루묵 아니겠는가? 자동차 대량생산 시대를 열었던 헨리 포드를 보며 자동차는 '물'이 아닌 '석유'로 달린다는 사실에 주목해 정유 사업에 뛰어들어 재벌가를 이룬 록펠러가 문득 떠올랐다. 물론 필자는 록펠러가 될 운명을 타고난 것은 아니었지만 적어도 '정보통신 산업시대에 문화가 다양한 디지털콘텐츠로 전환되거나 ICT와 접목되어 경제와 산업 전반에 엄청난 영향을 줄 수 있다'라는 확신만큼은 가질 수 있었다.

이처럼 글로벌 기업과 세계 경제는 첨단 디지털산업으로 빠르게 전환하고 있었다. 그런 와중에 국내에서는 댐 건설과 토목 공사인 4대강 사업에 20조 원 이상 자원외교를 명목으로 40조 원 이상의 혈세를 쏟아부었다는 뉴스를 접했을 때의 참담함은 이루 말할 수 없다. 국민의 정부 이후 거의 모든 정당의 대통령 후보들이 '문화예산 2%, 2.5%'를 공약했지만 보수 정부건 진보 정부건 어느 정부도 그 약속을 지키지 않았다. 국민의 정부 출범 이후 25년여가 흘렀지만 2023년 국가 예산(약 640조 원) 중 문화체육관광부 예산은 겨우 1.1% 수준인 약 6조 7,400억 원에 불과했다. 만약 4대강 사업과 자원외교로 소진된 예산 중 단 10%만이라도 문화예술과 콘텐츠 산업에 투입했더라면 우리는 국민소득 3만 달러를 넘어 4만 달러 시대를 살고 있었을지도 모른다. 지금 생각해도 아쉬움이 밀려온다.

SK텔레콤에서의 경험은 큰 통찰을 안겨주었다. 문화예술이 정보통신기술과 만나면 얼마나 큰 시너지를 낼 수 있는지 그리고 그것이 국가의 미래 먹거리 산업으로서 글로벌 경쟁력을 확보할 수 있는 길임을 깨달을 수 있었다. 단순한 산업적 확장이 아니라, 문화의 힘이 어떻게 시대의 중심으로 나아갈 수 있는가에 대한 실감 나는 체험이었다. 이제는 AI 시대다. 문화예술이 디지털콘텐츠 산업에서 엔터테크 산업으로 발전해가며 미래 국가산업 생태계를 견인하는 핵심으로 부상하고 있다. 이런 흐름과 변화의 관점으로 지나온 과거에서 교훈을 얻어 현재를 살고 미래를 설계하듯 역대 정부의 문화정책을 간략하게 되돌아보는 것도 의미가 있다는 생각이 들었다. 대학을 졸업하고 사회에 나와 문화행정가의 길을 걷는 동안 김대중, 노무현, 이명박, 박근혜, 문재인, 윤석열, 이재명 대통령까지 일곱 정부의 문화정책을 목도하였고 그 사이 노무현 정부에서는 정동채 장관, 문재인 정부에서는 도종환, 박양우 장관을 보좌하고, 이명박·박근혜 정부때는 국회의 문화체육관광위원회에서 문화정책과 현장실무를 경험한 바 있다. 이 과정에서 체득하며 견지해야 할 문화행정의 원칙이 몇 가지 있다.

지원은 하되
간섭해서는 안 된다

2013년 이명박 정부가 막을 내리고 박근혜 정부가 출범했다. 초대 문화체육관광부 장관으로 유진룡 전 차관이 임명되었을 때, 솔직히 놀라움을 감추기 어려웠다. 보수정권에서 유진룡 장관을 발탁했다는 현실이 의외였기 때문이다. 필자가 옆에서 지켜본 유진룡 장관은 강직한 성품의 정통 관료였다. 원칙과 소신이 뚜렷하고 무엇보다 '지원은 하되 간섭하지 않는다'라는 문화행정 철학이 확고한 분이었다. 선별적으로 지원하거나 입맛에 맞지 않으면 지원을 끊고 간섭하려 드는 관치행정과는 완전히 결이 다른 사람이다.

그즈음 필자는 다시 국회 보좌관으로 복귀해 문화 관련 핵심 법안 제정에 매진하고 있었다. 국민 누구나 보편적 문화향유 권리를 누릴 수 있도록 「문화기본법」(김장실의원 대표 발의), 「지역문화진흥법」(도종환의원 대표 발의), 「문화다양성법」(윤관석의원 대표 발의) 등을 제정하는 일이었다. 동 법률안은 주무부처인 문화체육관광부의 적극적인 협조와 지원으로 국회 본회의를 통과하였다. 하지만 아쉽게도 훼손되고 상처 입은 문화의 꽃밭을 손질하며 정상적으로 되돌려 놓으려던 유진룡 장관은 재임 1년여 만에 결국 경질되었다. 권불십년(權不十年) 화무

십일홍(花無十日紅)이라 했던가. 10년은 고사하고 4년여 만에 겉으로 문화융성을 표방하고 속으로 문화계 블랙리스트를 만들어 정부 지원을 끊거나 검열과 불법을 일삼던 박근혜 정부는 촛불 국민의 심판으로 파면되었다.

2017년 5월 문재인 정부가 출범했고 시인이자 교육자, 국회의원이었던 도종환 장관이 문화체육관광부 수장으로 취임했다. 문화현장에는 전 정부에서 훼손하고 붕괴시킨 현안들이 산적하였다. 당장 9개월 후인 2018년 2월 개최 예정인 평창 동계올림픽의 성공적 추진이 최대 현안이었지만 그 외에도 미르재단·K스포츠재단으로 불거진 국정농단 진상조사, 블랙리스트 사건 처리, 국립아시아문화전당 건립 시 불거진 구상권 청구 문제 등 하나같이 녹록지 않은 난제들이 줄을 잇고 있었다. 하지만 온 국민이 힘을 합치고 머리를 맞댄 결과 북한 선수단의 참여 속에 평창동계올림픽을 성공적으로 치러내는 저력을 과시했다. 블랙리스트와 구상권 처리 문제도 진상조사를 통한 백서 제작과 정부 차원의 청구권 포기로 마무리되었다. 문화행정에서도 '지원은 하되 간섭하지 않는다'라는 기조를 일관성 있게 견지하며 문화예술 생태계 복원에 매진하였다.

사람이 있는 문화로
'문화의 힘'을 보여주자

 인동초는 살을 에는 추위와 눈보라 속에서 쓰러지고 흔들리고 얼어붙지만 강인한 생명력으로 화려한 꽃을 피운다. 이명박, 박근혜 정부로 이어지는 보수정권 10년은 문화의 암흑기였다고 해도 과언이 아니다. 그럼에도 우리 국민과 예술인들은 K-Pop과 영화, 드라마, 게임, 웹툰 등 문화콘텐츠를 통해 한류 2.0시대를 묵묵히 일궈 나갔다. 이를 뒷받침하기 위해 문재인 정부 문화체육관광부는 약 1년 3개월에 걸친 토론과 국내외 사례를 분석 등을 바탕으로 2018년 12월 자율성, 다양성, 창의성이란 가치를 기본 원리로 하는 『문화비전 2030_사람이 있는 문화』를 완성하였다. 대중문화 중심의 한류(韓流)를 넘어 함께 만들고 누리는 사람 중심의 문화로 대전환을 이루고 지역의 고유한 문화콘텐츠를 발굴·육성할 뿐 아니라 도시의 브랜드 가치를 높여 글로벌 K-컬처 시대를 준비하기 위함이었다.

 "흔들리지 않고, 비에 젖지 않고 피는 꽃이 어디 있으랴" 비에 젖고 바람에 꺾이고 눈보라에 시달리면서도 언젠가 화려한 꽃망울이 터질 그날을 믿으며 묵묵히 주어진 소임에 최선을 다했던 나날이었다. 평창동계올림픽을 성공적으로 마무리하고 문화예술과 체육을 통해 그동안 멈췄던 남북한 교류 협력이 재개되었을 뿐 아니라 블랙리스트로 갈기갈기 찢진 문화예술인들의 상처가 응급처방으로 마무리될 때쯤이던 2019년 4월 문화체육관광부 수장은 도종환 장관에서 박양우 장관으로 바뀌었다.

문재인 정부에서 두 번째로 문화체육관광부 수장을 맡은 박양우 장관은 정통 관료 출신임에도 불구하고 정책적 식견은 물론 탁월한 정무 감각을 겸비한 분이었다. 전임 도종환 장관 시기가 국가적 현안 해결과 전 정부에서 비정상적으로 운영되던 정책들의 정상화에 초점이 맞춰졌다면 박 장관 체제에서는 더 능동적이고 창의적인 문화행정을 통해 문화의 힘과 저력을 본격적으로 드러내야 할 시점이었다. 이 무렵 필자 역시 고위공직자로 승진하여 박양우 장관이 추진하는 정책 수립 과정과 문화행정 전반을 더욱 면밀하게 정책적으로 보좌할 기회를 얻게 되었다.

우선 청년 일자리 창출과 창조산업 활성화를 위한 '문화뉴딜' 정책을 추진하기 위해 전담 TF팀을 구성했다. 이 과정에서 미래 시장 선점을 위해 문화기술(CT)을 적극 활용하여 e-스포츠 전용 경기장, 온라인 전용 공연장 등 인프라를 조성하고 문화기술연구원 설립에 집중하였다. 또한 외래 관광객 1,700만 명 시대를 넘어 2,300만 명 유치 목표를 세운 국가 관광전략을 수립함으로써 문화관광을 통한 경제 활성화에 기여하려 노력했다. 특히 2016년 사드 배치 발표 이후 중국의 한한령(限韓令)으로 중단된 대중문화예술인 공연, 영화 및 영상콘텐츠 수출, 게임 판호(허가) 발급, 온라인 관광상품 판매 금지 등의 문제를 해결하기 위해 다방면의 노력을 경주하였다.

한편으로 콘텐츠산업 3대 혁신전략을 마련하고 문화콘텐츠·관광·스포츠 전반에 걸친 산업펀드 예산을 확대해 나갔다. 범부처 간 한류협력위원회 구성 및 문화체육관광부 내 한류지원협력과를 신설하며 한류 지속 확산을 위한 기반도 마련하였다. 각종 통계에 기초하여 문화예술, 콘텐츠, 관광, 스포츠, 저작권 산업이 미래 국가 성장 동력 산업임을 입증하고 대한민국 경제의 핵심가치로 도약시킨다는 목표로 부처 내 정책분석팀을 신설하기도 했다.

이처럼 문화의 가치창출을 위한 다양한 노력이 본격화하던 시점에 코로나19 팬데믹이라는 검은 그림자가 전 세계를 강타하였다. 모든 것이 멈췄다. 국가는 문을 닫아걸었고, 문화예술인이 숨 쉴 수 있는 공연장과 영화관, 미술관, 박물관, 도서관은 폐쇄되었다. 사람들은 매서운 눈보라처럼 몰아친 바이러스 앞에 마스크와 방한복으로 무장했지만 집 밖으로 나서는 일조차 두려워해야 했다. 세상은 차디찬 정적 속에 얼어붙었고 그 혹한은 무려 3년이나 이어졌다. 의학기술과 첨단정보통신의 비약적 발전으로 인간이 세상의 주인이라 자만하던 시대, 자본과 물질만능을 부르짖고

자연과 환경을 외면하던 인류는 눈에 보이지도 않는 미세한 바이러스 앞에 속수무책으로 무너져 내렸다. 마치 1347년부터 1350년까지 유럽을 휩쓴 흑사병(페스트)처럼 코로나19는 또 한 번 인류에게 존재의 근원을 되묻는 질문을 던졌다. 700년 전, 인구의 3분의 1이 사라진 유럽은 '나는 누구인가'라는 질문에서 르네상스를 탄생시켰다. 그렇다면 지금 우리는 무엇을 돌아보고 어디서부터 다시 시작해야 하는가?

이 절박한 질문 속에서 한국 사회는 'K-방역'이라는 이름으로 세계적 주목을 받았고 그와 동시에 문화생태계의 붕괴를 막기 위한 다각적인 노력이 병행되었다. 문화예술 창작자에 대한 생계 지원은 물론 온라인·디지털콘텐츠의 제작과 유통, 문화인프라의 운영·유지에 필요한 예산지원과 세금 감면, 납부 유예 등의 정책이 신속히 시행되면서 흔들리던 문화 생태계는 그렇게 간신히 숨을 이어갔다.

이 무렵 필자는 그동안 몸담았던 문화체육관광부를 떠나 새로운 실천의 무대를 찾아 성동문화재단으로 자리를 옮겼다. 중앙정부의 문화행정가에서 지역문화의 실천가로, 이제는 가장 일상적인 자리에서 사람과 삶을 연결하는 또 다른 여정을 문화로 시작하였다.

문화로 성장하는
포용공동체

성동문화재단에서의 직무는 과거 국회나 문화체육관광부에서 보좌관으로 업무를 수행했을 때와는 여러 면에서 달랐다. 그동안 국회의원이나 장관이라는 창구를 통해 간접적으로 법과 제도를 만들고 예산과 정책 집행을 보좌하는 역할을 수행해 왔다면 문화재단에서는 모든 업무가 더 직접적이고 현장 중심적으로 이뤄졌다. 지역주민을 직접 만나며 각종 공연과 전시, 축제, 생활문화 전반을 기획하고 실행하기까지 결정과 책임이 뒤따랐다. 이 과정은 꼼꼼히 살피고 직접 발로 뛰며 두루 경험하고 배우며 지역 주민의 목소리를 경청하는 자세가 무엇보다 중요했다. "마음을 비워야 상대방과 눈높이를 맞출 수 있고, 마음을 열고 믿음을 가져야 상대방의 마음에 들어가 공감대를 형성할 수 있다"라는 유흥식 라자로 추기경님의 말씀을 체감하는 시간이었다.

어느 날 한 기자가 "현대 사회에서 문화가 왜 중요한가"라고 물은 적이 있다. 그때 나는 이렇게 대답했다.

"즐겁고 감동적인 영화나 공연, 축제나 전시를 황제처럼 혼자 본다면 과연 즐겁기만 할까요? 인간의 희노애락(喜怒哀樂)과 생노병사(生老病死)는 함께할 때 그 의미가 커집니다. 기쁨과 행복은 나눌수록 커지고, 슬픔과 고통은 나눌수록 작아지지요. 지금 우리는 정보화시대를 넘어 인공지능(AI) 시대에 살고 있지만 그에 따른 이기주의와 고립주의의 심화로 공동체가 위협받고 있습니다. 문화는 공동체의 끈을 잇고 회복하는 데 필수적인 역할을 합니다. 우리는 육체의 아름다움에는 많은 공을 들이지만 정작 정신은 메말라가고 있습니다. 몸과 마음은 하나인데도 마음의 회복과 치유는 외면하고 있습니다. 지친 정신을 회생시키고 다시 살찌우는 것이 문화 아닐까요"

아마도 이 같은 마음가짐이 지금 필자가 성동문화재단에서 추진해 나가고 있는 다양한 사업의 바탕이 되는 것 같다. 나와 내 이웃 그리고 지역주민과 더 나아가 우리 국민이 모두 문화로 감동하고 치유받을 수 있다면 그보다 더 가치 있는 일은 없다고 믿는다.

성동문화재단에 몸담은 후 지역 곳곳을 누비고 많은 사람을 만나며 각종 문화 사업을 추진하면서 실질적인 지방자치 시대가 착실히 정착되고 있음을 확인할 수 있었다. 특히 단체장의 권한과 책임이 얼마나 막중한지 그리고 어떤 철학과 비전으로 주민의 삶과 생활환경에 접근하느냐에 따라 도시의 품격과 주민의 삶의 질이 현격히 달라질 수 있다는 사실을 똑똑히 확인하였다. 무엇보다 중요한 것은 기관장의 리더십이었다. 솔선수범하는 자세로 구성원과의 신뢰를 형성해 나가며 '현장 중심, 사람 중심, 행정 중심'이라는 세 가지 원칙과 '문화로 행복해지는 지역사회'를 꿈꾸며 4년 이상의 세월을 보냈다. 서투름으로 인해 부족하고 시행착오도 많았지만 문화의 힘을 믿는 이들과 함께할 수 있어 참 행복하고 보람된 시간이었다.

돌이켜보면 필자는 조실부모하고 어려운 학창 시절을 보냈다. 한때는 '금수저나 은수저는 고사하고 흙수저라도 제대로 갖고 태어났으면 어떠했을까'하는 바람을 하며 모래수저 같았던 현실을 원망하던 때도 많았다. 그러나 지천명을 지나면서 비로소 '젊어 고생은 사서도 한다'라는 말의 의미를 조금은 알 것 같다. 생계를 위해 뛰어든 다양한 직업과 사회 경험은 밥벌이 이상의 의미였다. 필자를 단련시키고 사회를 이해하며 세상의 폭넓은 지식과 지혜를 배우는 과정이었다. 그 속에서 과분한 사랑을 받고 귀한 분들과 인연을 맺을 수 있었으며 그들이 살아온 삶을 지켜보며 크고 작은 지혜를 무임 승차하듯 전해 받기도 했다.

이 자리를 빌려 많은 고통과 시련, 생사(生死)의 경계를 넘나들면서도 국가와 민족, 국민을 위하고 시대를 살아가는 젊은이들에게 이정표를 남겨주신 故 김대중 대통령님께 한없는 존경을 표한다. 또한 정의와 고통 앞에서 중립이란 없음을 깨우쳐 주신 유흥식 라자로 추기경님과 우리 문화의 가치와 저력을 일깨워 주시고 문화행정가이자 기획자로 성장할 수 있도록 길을 열어주신 정동채, 도종환, 유진룡, 박양우 장관님께도 머리 숙여 감사드린다. 네 분 모두 한결같이 "사람이 먼저이고, 사람 사는 세상의 중심에는 문화가 있다"라는 것을 일깨워 주셨다.

아울러 '스마트 포용도시'의 기초를 다지며 문화의 힘으로 '스마트 문화도시'로 도약하는 꿈을 펼칠 수 있는 토대를 만들어 주신 정원오 성동구청장님께 깊이 감사드린다.

혼자 꾸는 꿈은 꿈에 그치지만 여럿이 함께 꾸면 현실이 된다는 말을 함께 실천해 주신 성동문화재단의 모든 동료와 '크리에이티브×성수'를 함께 일궈주신 기업인, 문화활동가 여러분께도 무한 감사를 드린다.

무엇보다 지난 세월 부족한 사람 만나 고생하면서도 세 딸이 우리 사회의 구성원으로 건강하게 성장할 수 있도록 함께 해준 이지숙 님과 내 삶의 가장 큰 이유이자 희망인 지원·정원·시원에게 아버지로서 한없는 사랑과 고마움을 전한다.

크리에이티브X성수를 만든
문화의 힘

초판 1쇄 발행	2025년 11월 1일
지은이	윤광식
펴낸이	황인상
디자인	한세아
펴낸곳	도서출판 푸른정원
	출판등록 2006년 4월 14일
	출판등록번호 제2006-00080호
	주 소 서울시 마포구 동교로 18길 38 지우빌딩 4층
	전 화 02-3141-3114
	팩 스 02-3141-3120
	이메일 powking@hanmail.net

ⓒ도서출판 푸른정원, 2025, Printed in Korea
ISBN 979-11-85575-35-3

· 이 책은 저작권법에 따라 보호받는 저작물이므로 무단전재와 무단복재를 금지하며
  이 책의 내용 일부를 이용하려면 반드시 저작권자와 도서출판 푸른정원의 서면동의를 받아야 합니다.
· 잘못된 책은 바꿔드립니다.
· 책값은 뒤표지에 있습니다.